Imagen de la portada: Julio Fer.
http://www.edicionesinvasoras.com
D.L. ZA 50-2024
ISBN: 978-84-18885-40-2

Las lágrimas de Ucrania

Francisco Ramírez López

A Ucrania, a Siria, a Afganistán,
a la Franja de Gaza, a Etiopía, a Malí, a Níger,
a Burkina Faso, a Somalia, a Mozambique...
A todos los pueblos
sacudidos por conflictos armados.
Porque confío en la paz,
pienso que la guerra nunca es la única salida.
Existen las palabras, el diálogo
y numerosos senderos de la justicia
para construir la paz
y conseguir que ésta siempre florezca.

"Europa no tiene derecho a reaccionar con el silencio ante lo que está sucediendo en Mariúpol".

Vladimir Zelensky

"En la guerra, la verdad es la primera víctima."

Esquilo

"Por lo que en la vida civil se nos condenaría, en la guerra se nos condecora".

Séneca

"Cuando el cordero abrió el segundo sello,

oí gritar al segundo ser viviente. Ven.

Y salió otro caballo rojo;

a su jinete se le dio poder para quitar la paz de la tierra

y hacer que los hombres se mataran unos a otros,

y se le dio una gran espada."

Apocalipsis

UCRANIA: EL MORTAL ATAQUE AL TEATRO DE MARIÚPOL, UN "CLARO CRIMEN DE GUERRA" DE LAS FUERZAS RUSAS. NUEVA INVESTIGACIÓN.

Una exhaustiva investigación de Amnistía Internacional ha llegado a la conclusión de que fuerzas militares rusas cometieron un crimen de guerra cuando atacaron en marzo el teatro de Mariúpol, en Ucrania, y causaron la muerte de al menos una decena de personas, y probablemente de muchas más.

En un nuevo informe, ***"Children": The Attack on the Donetsk Regional Academic Drama Theatre in Mariupol, Ukraine,*** *la organización documenta cómo probablemente los militares rusos atacaron de forma deliberada el teatro el 16 de marzo aunque sabían que cientos de civiles se refugiaban allí, lo que convierte el ataque en un claro crimen de guerra.*

El equipo de Respuesta a las Crisis de Amnistía Internacional entrevistó a numerosos supervivientes y recopiló abundantes datos digitales y llegó a la conclusión de que, casi con toda seguridad, el ataque lo llevaron a cabo aeronaves de combate rusas que lanzaron dos bombas de 500 kilos que cayeron una cerca de la otra y detonaron simultáneamente.

"Después de meses de rigurosa investigación, análisis de imágenes de satélite y entrevistas con decenas de testigos, llegamos a la conclusión de que el ataque fue un claro crimen de guerra cometido por fuerzas rusas", ha afirmado Agnès Callamard, secretaria general de Amnistía Internacional.

"Muchas personas resultaron heridas o perdieron la vida en este despiadado ataque. Es probable que sus muertes fueran causadas por el ataque deliberado de fuerzas rusas a civiles ucranianos".

"La Corte Penal Internacional y todas las demás instancias que tienen competencia en materia de crímenes cometidos durante este conflicto deben investigar este ataque como crimen de guerra. Todos los responsables deben rendir cuentas por causar tanta muerte y destrucción."

AMNISTÍA INTERNACIONAL

Hilos y cabos se enredan
Caín golpea hiere mata
Abel yace en su sangre
Yo defiendo a los míos, tú a los tuyos
Pero, ¿quién venció a quién?
¿Quién pierde y quién gana?
¿Quién cae y quién se yergue?
¿Quiénes son los culpables?
¿Dónde comienza el haz
o el envés de la guerra?
El depredador mata
con hambre con ansia sin calma
La presa toma aliento y se defiende
La compasión no existe
¿Acaso no lo veis?
Cualquier guerra es un crimen
Abel yace en su sangre
Caín busca la niebla
Es hora de beber
un trago de la hiel de los vencidos

Alekséi Páulovich, *La guerra.*

LAS LÁGRIMAS DE UCRANIA: AÚN DORMIMOS CON EL ESPINAZO DEL MIEDO Y EL DESGARRO DE UN LIRIO EN LAS ENTRAÑAS.

Desde que supe que una de las supervivientes del bombardeo del Teatro del drama de Mariúpol era Lyuba Marusova, comencé a fraguar la idea de una nueva obra, una obra que hurgara en los fatídicos entresijos de la tragedia griega y en la grandeza de los personajes bíblicos; quería que en ella resonaran las heroínas de los grandes mitos clásicos, desde Sófocles a Eurípides, desde la inmortal Ilión de Homero a la Betulia bíblica de Judith y Holofernes.

En un principio, como si fuera un grito con sabor a cieno, la llamé provisionalmente *Arde el Teatro del Drama*. Luego, conforme la obra agarró en mis adentros y empezó a echar hermosas y dramáticas ramas, me di cuenta de que tenía entre las manos una tragedia sobre nuestra guerra en la que la gran dama del teatro ucraniano Lyuba Marusova era imprescindible. Sin ella, la obra no sería la misma en el nuevo escenario del reconstruido Teatro del Drama de Mariúpol. Para ella, para Lyuba Marusova, concebí un personaje extraordinario que, en algunas escenas, confunde la realidad y la ficción y hasta roza el desequilibrio y la enajenación mental, pues no es capaz de deslindar qué hay de verdad en el escenario y qué hay de invención en determinados momentos de la tragedia.

Como tantas otras víctimas, también Lyuba Marusova necesitó terapia tras los terribles sucesos del bombardeo de marzo de 2022. El personaje le abrió de nuevo las heridas y le avivó los dolorosos recuerdos de una guerra que nunca tendría que haber sucedido. Pero ella es grande. Lyuba Marusova es un bello animal escénico, una deslumbrante diosa del teatro que es capaz de transformar cada texto en algo extraordinario y sublime. Nunca olvidaré aquellos últimos ensayos en los que parecía la reencarnación de la desconsolada Hécuba abandonando Troya o la misma imagen bíblica de Judith, la judía, alzando la cabeza del tirano Holofernes en el final del drama. En cualquier parte del escenario, ella sola personifica en carne viva todo el dolor y toda la desesperación de Ucrania.

Sí, evidentemente la escribí pensando en ella y para ella, visualizando cada uno de sus posibles movimientos, gestos, voces y silencios. Y ahí está el resultado: Lyuba Marusova encarnó la grandeza y el sufrimiento de un país convirtiendo el nuevo Teatro de Mariúpol en una nueva Troya y en un símbolo de resurrección después de la angustiosa y cruenta guerra, que este país ha padecido durante tanto tiempo.

Sin embargo, no sólo la figura de Lyuba Marusova me iluminó en esta batalla de la escritura dramática; también supe, desde un principio, que todo el drama debía transcurrir en el teatro bombardeado. Tenía que llevar todas las mordeduras de la guerra a aquellas ruinas quemadas y ensangrentadas, abiertas en canal de parte a parte. Tenía que intentar que aquel Teatro del Drama, herido de muerte por los misiles y el fuego, cobrara de nuevo vida y se convirtiera en un personaje dolorosamente vivo, en un espacio escénico resucitado para el diálogo y para consolidar los más hermosos pilares de la justicia y de la paz.

El ataque ruso al Teatro de Mariúpol no tiene justificación alguna. Fue un crimen de guerra. Eso pienso. Eso escribo. Eso grito... Ni siquiera los dioses vendrán a lamer las llagas que se abrieron en este escenario. El miedo aún supura y el depredador lo sabe y lo huele. La guerra al fin ha acabado, pero el horror y el odio amontonan aún las frías piedras del llanto. No es fácil perdonar con tanto dolor a la deriva. No es fácil arrancarse la bala que nos ha herido. No es fácil apartar la hiel que engendra el arpón del desconsuelo. No. No es fácil. Y no es fácil porque aún escuecen en cada grieta el silencio y la niebla de *las lágrimas de Ucrania.*

7 de marzo de 2029.

Anna Ibrahinovich

DRAMATIS PERSONAE

*LOS QUE SE DEFIENDEN, LOS ASEDIADOS, LOS QUE HUYEN, LOS QUE MUEREN, LOS REFUGIADOS, LOS QUE ESPERABAN OTRA VEZ LA PRIMAVERA, LOS QUE ESTÁN DENTRO DEL TEATRO, LOS QUE VENÍAN DE FUERA, LOS QUE TENÍAN SED, LOS QUE TENÍAN HAMBRE, LOS QUE TENÍAN FRÍO, LOS QUE TEMBLABAN CON EL SONIDO DE LAS BOMBAS Y LAS METRALLAS, LOS QUE DEFENDÍAN A LOS QUE AMABAN, LOS QUE YACÍAN EN LAS ACERAS, LOS QUE PEDÍAN AYUDA Y BANDERAS BLANCAS, LOS QUE ODIARON SIEMPRE CUALQUIER GUERRA, LOS QUE ALZABAN RAMOS DE OLIVO, LOS QUE SE TRAGABAN SUS HILOS DE HIEL Y HUÍAN PARA LLEGAR A LAS FRONTERAS, LOS QUE VAN SIN ALIENTO, LOS QUE GRITAN POR LA PAZ Y LOS ABRAZOS, LOS QUE AÚN NO TIENEN HAMBRE DE OLVIDO, LOS QUE AÚN NO PERDONAN NO PERDONAN NO PERDONAN NO PERDONAN NO PERDONAN NO PERDONAN NO PERDONAN NO...

*LOS QUE LLEGARON DE LA GRAN RUSIA, LOS QUE VENÍAN CON HIMNOS DE CONQUISTA, LOS QUE LANZABAN BOMBAS DE 500 KILOS, LOS QUE DEVASTABAN CIUDADES Y QUEMABAN VIDAS, LOS QUE LLENABAN LOS PUEBLOS DE LIRIOS Y LÁGRIMAS ROTAS, LOS QUE NO TEMBLABAN Y DESTRUÍAN ESCUELAS, TEATROS Y HOSPITALES, LOS QUE NO LEÍAN LA PALABRA 'NIÑOS' EN ALFABETO CIRÍLICO, LOS QUE AVARICIABAN LA TIERRA DEL VECINO, LOS QUE DERRAMABAN LA SANGRE REFUGIADA Y NO SON INOCENTES Y NO SON INOCENTES Y NO SON INOCENTES Y NO SON INOCENTES Y NO SON INOCENTES Y NO SON...

PERSONAJES DEL DRAMA

LYUBA MARUSOVA

ROMAN IAKOVIENKO - CORIFEO

LA MADRE

LARISSA LUKINOVA

MITIA LUKINOV

EL ANCIANO PÁVEL VYSOTSKI

VERÓNIKA KHODUNOVA

MARILIA LEMANSKI

OLENA KOMAROWSKI

SOLDADO RUSO UNO1

SOLDADO RUSO DOS2

SOLDADO RUSO TRES3

ESPACIO ESCÉNICO

Aunque ha estado controlada por la República Popular de Donetsk, que cuenta con el apoyo de Rusia, MARIÚPOL -situada a orillas del Mar de Azov, justo donde confluyen los ríos Kalmius y Kalchyk- es una ciudad portuaria que internacionalmente es reconocida como una parte de Ucrania. En ella, cerca del mar, se encuentra el TEATRO DEL DRAMA, bombardeado el 16 de marzo de 2022 a pesar de que servía de refugio a ancianos, mujeres y niños. Los daños materiales y humanos aún mantienen sus heridas abiertas y las zarzas de tantas lágrimas siguen espinando en cuerpo y sombra.

TEATRO DEL DRAMA DE MARIÚPOL DESTRUIDO TRAS EL BOMBARDEO DE MARZO DE 2022.
NUEVO TEATRO DEL DRAMA DE MARIÚPOL INAUGURADO EN 2029.

En la primera escena (2029), sólo un haz de luz ilumina el discurso de ROMAN IAKOVIENKO. Aún el telón no se ha alzado. Cuando comience la obra, sobre las ruinas quemadas de las dos escaleras principales se irán proyectando en ciertos momentos -entre columnas de humo y polvo de escombros- las fotos de la destrucción del Teatro de Mariúpol del 16 de marzo de 2022. Una luz de oro viejo y turbio incendia y engrandece en algunas escenas los rescoldos del antiguo escenario.

DISCURSO DE ROMAN IAKOVIENKO, DIRECTOR DE *LAS LÁGRIMAS DE UCRANIA*, EN LA INAUGURACIÓN DEL NUEVO TEATRO DEL DRAMA DE MARIÚPOL.

[16 DE MARZO DE 2029].

ROMAN IAKOVIENKO

Buenas noches y muchas gracias a todos por vuestra presencia en esta santuario del Drama. Desde lo más hondo de mi corazón, traslado el mayor de los agradecimientos a todos los que han colaborado con grandes y pequeñas donaciones para que este teatro abra de nuevo sus puertas al arte y a la paz de Ucrania y de todos los pueblos que aman la concordia y rechazan cualquier tipo de hostilidad o beligerancia.

Muchas gracias a todos los presentes por llenar de nuevo todas las localidades de este templo del drama que acabamos de reconstruir y que hoy, por fin, se inaugura con el estreno de una nueva obra de Anna Ibrahinovich. No obstante, antes de hablarles del nuevo drama de nuestra premiada dramaturga, quiero comenzar este pequeño discurso de inauguración con unos fragmentos del libro *Caín en Járkov*, del poeta Yegor Chekhonastski. Precisamente, nuestra célebre dramaturga, Anna Ibrahinovich, inserta - poniéndolos en boca del Corifeo, personaje que yo mismo interpretaré dentro de unos breves instantes- varios fragmentos de este hermoso poemario que viste y desnuda con sus versos los más violentos y dolientes perfiles de nuestra reciente guerra.

'Fragmento primero'

/.../
a orillas del mar de Azov
de frente y de perfil
por dentro y por fuera
quién derramó más sangre sobre la nieve en llamas
quién engendró la muerte sobre la muerte
quiénes se arrancaron los ojos
para no leer la palabra "Deti"
sobre la tierra blanca del Teatro del Drama
siete largos años han transcurrido
desde que los rusos desgarraron
las calles los parques la piel y las aceras
en un instante las casas y los refugios
perdieron sus tabiques y paredes
cada hogar mostraba la destrucción de sus entrañas
e inexpertas manos defendían su trozo de cielo
su cama su pan y su mesa
hace siete años esquivando a las bestias y a la sangre
huían las madres y los niños
y las tropas invasoras lo devastaban todo
ardían las ciudades
y el mar de Mariúpol era pintura de sangre y cielo en llamas
ardían las tizas en los colegios
ardían los parques y la savia más amarga de los árboles
ardían los teatros el frío blanco y la blanca carne de la nieve
ardían las lágrimas la escarcha y el aliento de la sangre
parecía la guerra del otro lado del mar
o de más allá del desierto
parecía la guerra al otro lado de la nieve más dura
era 24 de febrero y Ucrania amaneció siendo enemiga
y Rusia se vistió con trajes invasores
para alzar su afilada lanza de soberbia
y sembró de barbarie el sueño y la raíz de las ciudades

y tembló Kiev y tembló Járkov
y tembló Jersón y tembló la región de Donbás
y tembló Mariúpol y tembló Ruslana Tusova
y se estremecieron todas y una a una las ciudades
y gritó el hambre de los enemigos...
y temblaron las columnas de humo
y las espirales columnas del miedo
y las carnívoras columnas de lágrimas y escombros
y las columnas de sed al filo del Mar negro
y las columnas de pueblos destazados
y tembló también el aire buscando alguna orilla
o el vuelo de una rama en flor de nieve
tembló todo... el agua el tiro la niebla la bala
así fue / eso fue todo
así fue y así quedó escrito
hilos de llanto huían por las calles
y sus perfiles agujereaban un cielo sumergido en la herida
luego en los refugios las madres hilvanaban
rescoldos y pliegues de oraciones
y pedían agua de lluvia para limpiar la sangre de las calles
y pedían nieve pura para aplacar el dolor del pecho abierto
y pedían que sus casas no fueran esqueletos perforados
y pedían que el sol de frente y de perfil
no volviera a decapitar otra mañana
y pedían tierra limpia y bendecida
para abrir más fosas en los bosques
y levantar las cruces de los muertos que faltaban
y pedían sábanas de paz para un sudario
y un adagio de lágrimas de Antígona
para regar el corazón tan huérfano de Ucrania
y pedían los versículos de Hécuba y sus fuertes manos
para escribir en las carnes más abiertas
con el filo hambriento de la espada /.../

[*Fragmento del libro ***Caín en Járkov***, del poeta ucraniano Yegor Chekhonastski].

Y ahora, en memoria de todas las víctimas de esta guerra, guardemos diez segundos de silencio... Muchas gracias.

Un 2 de marzo de 2022, la ciudad de Mariúpol se sumió en la oscuridad. Nos faltaba el agua y nos sobraba todo el frío. Perros vagabundos y hambrientos invadían las calles, las estaciones, los parques, las casas destruidas y las sombras de los muertos. Pronto escasearon las velas y las lámparas de aceite. La oscuridad fue constante en los refugios. Sólo los relojes nos marcaban la noche y las horas del día. El ejército ruso sembró de cadáveres las desoladas calles, los caminos, las plazas y las aceras... Luego, los sótanos, las casas y los comercios amontonaron escombros, enfermos, llantos y ruinas. En cada escuela rezaban los maestros y los niños coloreaban la palabra paz en cartulinas negras. Los hospitales saltaban en mil pedazos por los cielos. Y este Teatro, convertido en refugio estremecido, también fue bombardeado sin misericordia alguna por la aviación enemiga el 16 de marzo de 2022, poco después de las diez de la mañana. De nada nos sirvió la palabra NIÑOS escrita en ruso con letras enormes para que los pilotos las leyesen desde el aire. De nada nos sirvieron esas letras, ese aviso, esa desesperada súplica entre lágrimas vivas y nieve pura. Cayeron los misiles, el crimen, la destrucción y las llamas. Así fue. Así pasó. Eso fue todo.

/.../ Hoy, esta noche del 16 de marzo de 2029, después de muchos esfuerzos y con la ayuda de generosos patrocinadores, podemos decir, con el alma y la paz entre las manos, que la reconstrucción de este Teatro ha sido un verdadero sacrificio y también el mayor de los consuelos. Hoy, en esta fecha tan señalada, inauguramos el Nuevo Teatro del Drama de Mariúpol. Y lo hacemos con el estreno de *Las lágrimas de Ucrania*, una obra de Anna Ibrahinovich que bebe con ansia y con mirada rota en las fuentes de Eurípides y de Homero y lava lo que duele en el turbio manantial de nuestra guerra.

La gran dama del teatro, Lyuba Marusova, que se encontraba refugiada aquí, en su camerino de siempre, el día de la destrucción de este Teatro del Drama, protagoniza esta nueva tragedia contemporánea que transcurre sobre las ruinas de un teatro quemado y destruido por la guerra... Los recuerdos y las lágrimas están servidos. Y los aplausos, también. Señoras y señores, limpiemos esta noche nuestras recientes llagas y cerremos una a una las viejas heridas de la guerra. Muchas gracias.

1/001

TESTIMONIOS,

HERIDAS

Y LLAGAS DE UNA GUERRA

VERÓNIKA KHODUNOVA / TESTIGO 17 DEL BOMBARDEO DEL TEATRO DEL DRAMA.

Verónika Khodunova permanece sentada en una de las escaleras del destruido Teatro del Drama de Mariúpol, mientras observa cómo el Corifeo Roman Iakovienko declama los versos de Yegor Chekhonastski.

ROMAN IAKOVIENKO

'Fragmento del camino del agua...'

/.../
temblaba el miedo en el camino del agua
la piel también temblaba y temblaba la sed
con las balas y el confuso abandono que caía del cielo
temblaba el corazón con cada paso
y las palabras se quedaban sin sílabas / ahogadas
era un camino corto y parecía inmenso
cuando el miedo crecía
por las aceras y en medio del asfalto
yacían cuerpos sin sudarios y vidas atravesadas por los tiros
a veces con metálicas olas el Mar de Azov
rozaba las heridas de la ciudad asediada
desde el teatro hasta el encuentro del agua
Mariúpol enseñaba el grosor de sus heridas
con vendas de oscuro desconsuelo
abajo el hambre crecía en los escombros
y el agua no era más que una gota
de sabor turbio y espeso
pero los niños tenían sed de madrugada
los niños tenían hambre con la aurora
los niños no querían morir bajo las piedras
los niños no querían más bombas ni más balas

los niños "DETI" "DETI" "DETI"
querían agua agua agua
y el agua era un desierto en carne viva
y era la sal gritando agua agua agua /.../

VERÓNIKA KHODUNOVA

Las paredes temblaron y el suelo se abrió con dobles grietas. Dos aviones sobrevolaban nuestro edificio. Oímos el estruendo de una explosión y unas ráfagas de artillería. La pared de la cocina saltó por los aires y una lluvia de cristales salpicó el piso. Algunas astillas alcanzaron a mi hijo Vitya. El miedo se apoderó de nosotros y mi marido cogió al niño y me agarró de una mano. Teníamos que huir. Teníamos que salir de allí cuanto antes. Los rusos estaban bombardeando el distrito Tsentralnyi... Nuestro coche era pasto de las llamas, así que corrimos al Teatro. Era el refugio más seguro y lo teníamos a dos pasos de nuestra casa.

(*Después de un silencio duro*). No debería hacerlo, pero necesito encender este cigarrillo que me ha regalado otra refugiada... Porque no es fácil... No es fácil mantener la calma, ¿saben? No. No es fácil. No es fácil hacerse a la idea de lo que está ocurriendo. No es fácil comer llanto un día y otro día... Vino la guerra y, de un tajo, nos lo arrebató todo. ¡Todo!... Se fue el aroma de uvas heladas en las viñas. Se nos fueron las fragancias de los campos de trigo... Mariúpol también humea ahora, pero no es el olor agradable del humo de las chimeneas en marzo... La nieve está sucia y huele a misiles y a sangre y a dolor y a tiros y a balas rusas y ucranianas... Este año no tendremos primavera. Sólo un largo invierno. Un año de cuatro inviernos y una sola y dilatada guerra. Las tropas invasoras no sólo han bombardeado mi ciudad. También han destruido mi casa, mi mundo, mis sueños, mi alegría... De pronto, todo lo que era mi vida ha saltado por los aires. Mi marido no ha vuelto. No sé si ha huido o lo han matado. Yo también quiero irme con mi pequeño Vitya. Pero, ¿adónde? Aunque qué importa eso cuando la desesperación te arde en la boca... En cuanto pueda, saldré de este teatro. Me iré de Ucrania. Lejos. No es fácil hacerse a la idea de lo que está ocurriendo. ¡Claro que no es fácil! No. No es fácil abandonar para siempre tu casa y lo que era tu vida... Y lo peor de todo es que esta guerra ha venido para quedarse y para arrancarnos todo lo que amamos...

Nos fuimos al Teatro con lo puesto, con mucho miedo y con muchas lágrimas por fuera y por dentro. Así fue. Ni siquiera cogimos un poco de pan o unas galletas para el niño. Nada. Ni un abrigo ni leche ni unas mantas. Allí cambié unos cigarrillos por una botella de agua. Katerina, una anciana del distrito de Livoberezhny, cubrió a mi hijo con una de sus viejas mantas y le regaló una manzana... Los rusos torturaron a su marido y destruyeron su huerto y derrumbaron las paredes de su casa... La gente se refugió en el Teatro porque parecía un lugar seguro. Lo mismo hice yo con mi marido y mi hijo... Muy pronto comenzaron a faltar los alimentos y los niños siempre tenían hambre y pedían agua, pero las explosiones continuaban y era peligroso salir del Teatro en busca de agua y de comida... La gente tenía sed y bebía de los charcos o de los tubos del sistema de calefacción central o de la nieve derretida en la escalinata del teatro... Había que salir a por agua... Y Dimitry, mi marido, fue a por ella con dos o tres muchachos... Algunos proyectiles impactaron cerca del teatro, en la avenida. Había cadáveres que yacían en las aceras y en medio de la calle... El corazón me temblaba como un pajarillo apretado dentro del pecho. Por fin, volvieron con el agua y con algunas latas de conservas. Habían encontrado un edificio destruido en el que aún salía agua corriente por algunos de los grifos... Cambiábamos el agua por pan, por mantas, por galletas y cigarrillos... Un día, Dimitry salió como otras veces a por agua y no volvió ni ese día ni nunca. Ni él ni los muchachos. Un tanque ruso apareció en el camino y llenó de cadáveres las aceras y los adoquines de la calle... Salí a buscarlo, pero sólo volví con dos botellas de agua y un paquete de cigarrillos que le robé a uno de los muertos de la acera.

EN EL CAMERINO DE LYUBA MARUSOVA: DE TROYA A BETULIA, DE TEBAS A CORINTO, DE HOMERO A EURÍPIDES, DE YEGOR CHEKHONASTSKI A ANNA IBRAHINOVICH.

ROMAN IAKOVIENKO

'Fragmento del Teatro del Drama'

/.../
a orillas del mar de Azov
junto a los ríos Kalmius y Kalchyk
ardían la nieve y el frío
los padres se fueron a la guerra
los hijos se fueron a la guerra
los amigos se fueron a la guerra
con manos inexpertas empuñaban las armas
para frenar la invasión del enemigo
los niños y las mujeres
con frío y nieve cruda en los zapatos
cruzaban las puertas del Teatro de Mariúpol
mientras ardían los turbios campos de Troya
y Ucrania mostraba la lanza rusa en su costado
de pronto entre bastidores crece un silencio metálico
y arde el silbido de una bomba incandescente
en la tramoya
los focos repiquetean y el escenario tiembla
se balancean estremecidas las varas
crujen una a una las tablas en el escenario
el proscenio también tiembla
y tiemblan los colchones y las mantas de los refugiados
tiemblan el ciclorama y las bambalinas
tiemblan el patio de butacas y los palcos del primer piso

tiemblan las escaleras del Teatro del Drama
el foso de la orquesta y el telón bordado con hilos de lágrimas
tiemblan los frescos de la cúpula
y la brillante araña con su cristal de Murano
tiemblan el anfiteatro y las hermosas columnas
tiembla todo...
las maletas de los refugiados
el atrezo el maquillaje el vestuario el miedo
tiembla el último aviso antes de que comience el espectáculo
tiembla el silencio y en la penumbra
palpita en el escenario y sobrecoge como nunca
la gran diva del teatro Lyuba Marusova
cuando entra en escena soñando
que es Judith la judía
decapitando al tirano Holofernes
y el público aplaude su solemne presencia
y contempla conmovido la cabeza sangrando
entre sus elegantes manos
de pronto la respiración se estremece
tiemblan los muros del teatro estallan los cristales las columnas
los gritos los focos la taquilla los llantos
se derrumban barandas y escaleras
el techo salta por los aires
y un destello en llamas atraviesa de un golpe y sin aviso
la perfecta diagonal del escenario /.../

LYUBA MARUSOVA

(*En lo que queda de lo que fue su camerino. Como hablándole a una cámara o al público*).

Me quedé allí. Inmóvil. Durante una hora me quedé sin hacer nada, en estado de shock. Al principio, no oía nada. No veía nada. Ni siquiera me había dado cuenta de que la sangre del cadáver de un niño me había salpicado en las manos y en gran parte de mi vestido troyano. De pronto, volví en mí y grité. Grité igual que mi personaje al contemplar cómo el carro de Aquiles arrastraba el cuerpo sin vida de su hijo Hector... Fue como caer en los centros de la muerte y sentir los colmillos de un dolor sin nombre... Después de la gran explosión, el escenario valía para interpretar la devastación de Troya o de Varsovia en 1944 o para la destrucción de Kabul o de Alepo o de Kobane o de Gaza. Era el escenario perfecto para la interpretación de un coro de llantos en Hiroshima... ¿Qué obra estamos representando?, pregunté. ¿En qué escena estamos ahora? ¿Quién? ¿Quiénes nos han sembrado este escenario de destrucción y llanto en llamas? ¿De dónde han salido tantos escombros? ¿De dónde vienen tanta sangre y tantas lágrimas? ¿Qué han hecho con este Teatro del Drama? Oh, Mariúpol, no olvides nunca este día de tristeza. Reza, reza conmigo por todos los muertos y por los que aún siguen vivos bajo las ruinas de estos muros. Tengo que escarbar, tenemos que arrancarnos las uñas para encontrar a los que lloran bajo las piedras o a los que apenas respiran entre los hierros y el hormigón carbonizado.

Oh, Lyuba Marusova, actriz de este Teatro del Drama, cómo no lloras ante estos amargos despojos. Mírate manchada de sangre, sentada ante el espejo de lo que queda de tu camerino. ¿Qué haces ahí paralizada? Levántate y ve a ayudar a los heridos, a los que aún viven y a los que buscan con gritos a sus muertos. ¿Qué escena es la que representamos ahora? ¿La del asedio?... *Se oyen gritos y el llanto crece...* Ha llegado otra vez el tiempo de la guerra... Otra vez la sangre busca a la sangre y los ojos encuentran los cauces de las lágrimas... Hay que enterrar a los muertos... Mírate, Lyuba Marusova. ¿Estás viva o eres una ficción de este teatro? ¿Qué eres tú en medio de esta guerra? ¿De parte de quién estás? ¿En qué lado del dolor caen tus lágrimas? ¿Enterrarás sólo a tus paisanos o también le echarás tierra al enemigo? ¿Pondrás cruces en todas las tumbas? ¿Qué harás ahora entre las llamas de la nueva Troya?... Estábamos aquí, repasando algunas escenas de *Hécuba*... Y llegaron ellos, los rusos invasores. Primero, en el cielo de Mariúpol, comenzaron a revolotear bandadas de hambrientos aviones. Luego, vinieron los tanques, los soldados, las ametralladoras y las balas. Ningún lugar era seguro... ¿Dónde teníamos que escondernos? ¿En qué sótano? ¿En qué apartado agujero estaríamos todos a salvo? Los hombres se iban a luchar... Pero, ¿y las madres? ¿Es que todos olvidan el dolor afilado de las madres?

Oh, Troya, ¿de qué te han protegido tus inexpugnables murallas? La tragedia había comenzado... Su título nos helaba la sangre: *La guerra de Ucrania...* No. No tuvimos tiempo para ensayarla. Había que improvisar. Y rápido. El telón se había alzado sin previo aviso... Y aún no teníamos el vestuario ni el atrezo... El ejército ruso avanzaba... Los teníamos a las puertas de Mariúpol... Había que salvar a los niños... ¡Abrid las puertas del teatro! ¡Que se refugien aquí dentro! ¡Venid! ¡Deprisa! Aquí estaremos a salvo... Escribiremos en ruso con letras enormes que desde ahora este Teatro del Drama es un refugio para mujeres, niños y ancianos... Pondremos carteles en sus fachadas y llenaremos

los jardines con la palabra NIÑOS... Desde el cielo, los pilotos rusos las leerán y no tendrán sangre para disparar sobre este refugio de civiles indefensos... Eso pensé. Eso pensábamos todos: las madres, los niños, los ancianos. Pero no fue así. No ha sido así. ¡No! No ha sido así. De nada sirvió que izáramos blancas banderas. De nada nos sirvieron las palomas blancas ni los ramos de olivo en las ventanas... Pedíamos la paz y nos trajeron la guerra... Pedíamos la vida y nos llenaron de sangre. Teníamos sed y nos robaron el agua... Mirad nuestras banderas. Venid con ramas verdes y guirnaldas de alegría... Pero nos trajeron misiles y toneladas de escombros para los muertos... En un segundo, casi todo el Teatro fue destruido sin misericordia... En un segundo, fue convertido en un amasijo de hormigón, hierro, butacas, gritos y restos de escenografías. En un segundo, se trenzaron vestuario, focos, atrezo, llantos y heridas. Un amasijo de dolor y espanto creció entre los despojos de este santuario... Muchas madres reconocían a sus hijos por los zapatos y tiraban de ellos para sacarlos del montón de piedras y cenizas... Por eso, estoy aquí. Por eso, he vuelto a mi camerino. No puedo masticar este llanto... El dolor es tan grande que no soy capaz de bebérmelo... ¿Qué era aquello? ¿Cómo calificar aquel paisaje? Creí que lo que tenía ante mis ojos era una escenografía para representar la maldad en todos sus pliegues y con todos sus perfiles afilados...
Oh Lyuba Marusova,
¿qué haces ahí paralizada?
Levántate y ve a ayudar a los heridos,
a los que aún viven y a los que buscan a sus muertos...
Me he perdido.
Por primera vez en toda mi carrera, me he perdido.
Y no sé por dónde voy.
¿Cuál es mi entrada?
¿En qué parte de la tragedia estamos ahora?
Roman Iakovienko, ¿qué escena representamos?

¿La escena del asedio?
Se oyen gritos y el llanto crece...
Ha llegado otra vez el tiempo de la guerra.
Otra vez la sangre busca a la sangre
y los ojos encuentran las lágrimas.
Es hora de enterrar a los muertos.
Mírate, Lyuba Marusova.
¿Estás viva o eres una ficción de este teatro?
¿Serás otro Creonte o una nueva Antígona?
¿Qué harás, Lyuba Marusova?
¿Qué harás sin las murallas de Troya?

EL TESTIMONIO DEL ANCIANO PÁVEL VYSOTSKI: EN EL PARQUE VESELKA AÚN SE SIENTE ENTRE LOS ÁRBOLES LAS HEBRAS GRISES DE SUS LÁGRIMAS.

Ciudad de Mariúpol. En uno de los últimos ataques a esta ciudad, un misil ruso alcanzó a un adolescente ucraniano cuando estaba esperando el autobús con su abuelo cerca del Parque Veselka.

ROMAN IAKOVIENKO

'Fragmento del abuelo del adolescente y el misil ruso'

/... /
en el Parque Veselka temblaron los árboles
y las primeras flores perdieron su aliento
era un trece de marzo
las balas aún dormían en los fusiles
el sol había salido para ahuyentar la angustia de las ramas
y la paz era tan solo un hilo blanco sin pañuelo
ningún ángel derramó el perdón sobre la herida o las hierbas
así fue / así pasó /
de pronto se tronchan los árboles del cielo
un autobús muere y los cuerpos se quiebran
un misil ruso llega con hambre de destruirlo todo
y la hiel sube su espesura hasta la boca
mi nieto estaba allí, quieto en el suelo
un hilo de sangre lenta le bajaba viva por el cuello
y se perdía por el frío tibio de su nuca
quiso decirme algo con un ojo de mar y otro de cielo
se me iba de este mundo mi nieto Pável
con sus quince años
con sus rascacielos y sus catedrales

y yo que lo quería
y que lo quiero tanto
ni siquiera supe llorar entonces
ni implorar a Dios por un milagro del cielo /... /

EL ANCIANO PÁVEL VYSOTSKI

Mi nieto vivía en Járkov. Parecía un hombre. Tenía voz de hombre y cuerpo de hombre, pero aún era un niño de quince años. Mi nieto no quería ser veterinario como su abuelo. Quería ser un brillante arquitecto y levantar hermosas ciudades, rascacielos de hormigón pulido, palacios de cristal templado, teatros con cúpulas doradas e inmensas catedrales con agujas vidriadas. En sus ojos vivían los colores del mar y del cielo. No los de este mar y este cielo de ahora empapados de humo y de misiles hambrientos. Era un azul limpio y profundo. Y su mirada... ¡Era un pozo de bondad y de inteligencia!

Mi nieto vivía en Járkov. Pero allí se vivía con el miedo en los huesos y en la carne y mi hija me pidió que lo cuidase. Lo envió a Mariúpol para que yo lo atendiese y para que él también me cuidara a mí y me hiciera compañía.

Estábamos en la parada del autobús. Volvíamos a casa. De pronto, tembló la calle. Se tambalearon las fachadas, el suelo, los árboles de las aceras. En el Parque Veselka también temblaron las primeras flores y todos los verdes de las hierbas. Un misil ruso llegó con hambre de destruirlo todo. Hubo muertos y heridos. Hubo gritos y lágrimas que ardían. Mi nieto estaba allí, en el suelo. Sangraba. Un hilo de saliva y sangre caliente le bajaba por el cuello. Quiso decirme algo. Yo no podía moverme. Y sin que yo pudiera hacer nada, se me iba mi nieto de este mundo. Con quince años. Con sus ojos azules. Con su voz de hombre. Con su cuerpo de hombre. Allí, tirado y reventado por la explosión del misil ruso... Y yo, que lo quería, que lo quiero tanto ni siquiera pude llorar o implorar un milagro del cielo... Cuando reaccioné, ya estaba muerto. Allí, en la parada del autobús... Con quince años. Con su cuerpo de hombre... Y ya nunca levantará hermosas ciudades ni templos ni teatros ni grandes catedrales...

Llamo a mi hija todos los días para decirle que debe vestirse de luto, pero aún no he podido hablar con ella porque Járkov ha sido quemada y traspasada por el enemigo... Mi nieto se llamaba Pável Visotski. Igual que yo... Él está muerto. Con quince años. Y yo con setenta y cinco aún tengo sed y hambre y me tapo con una manta para engañar al frío y cada día cuento los muertos y añado a la lista los nombres de los que en este teatro siguen desaparecidos y esperando aún debajo de los escombros que alguna mano caliente los rescate del sepulcro de piedras.

"No es justo lo que están haciendo con este pueblo. Ninguna guerra es justa... Habría que pensar más en ensartar hilos de acero para trenzar una paz duradera y no pensar tanto en desfilar como altivos vencedores", esas fueron las últimas palabras que le dirigí a mi nieto en la parada del autobús. Y ahí, en ese justo momento, un misil ruso llegó con hambre de destruirlo todo. Mi nieto se llamaba Pável Visotski. Igual que yo... Y ahora está muerto. Se me ha ido para siempre. Con quince años. Con sus ojos azules. Con su voz de hombre. Con su cuerpo de hombre. Con sus palacios de cristal y sus teatros con cúpulas doradas... Por eso, ahora que se me ha ido para siempre, ahora los dos deberíamos vestirnos de luto, hija mía... Ahora deberíamos llorar quince años seguidos y escupir sin ningún pudor cada uno de los gritos enquistados en la hiel de la garganta. Ahora deberíamos abrazarnos y curar el miedo de tanta carne dolorida... Mi nieto se llamaba Pável Visotski. Y yo, que lo quería, que lo quiero tanto ni siquiera pude llorar o implorar por un milagro del cielo... ¿Qué debo hacer en medio de esta guerra?... No. No quiero postergar ni un minuto más este grito de paz y desconsuelo. Dime, ¿qué nombre

inventaremos, hija mía, para decirle adiós sin que nos duela? ¿Cómo dormiremos ahora cuando volvamos a casa? ¿Con qué palabra despertaremos de esta herida?

EL TESTIMONIO DE OLENA KOMAROWSKI Y LAS BALAS DEL EJÉRCITO RUSO.

ROMAN IAKOVIENKO

"Fragmento del perfil de la ternura derramando amapolas por las aceras de Donets'ka St."

/.../
entre todas las balas hubo una
una sólo
hubo un antes y un después del primer grito
el bebé dormía en sus brazos
ella corría hacia el Teatro *del Drama*
pero el telón se había levantado sin aviso
y el drama era ella huyendo con su bebé entre la sangre tierna
el drama era una espiga de trigo cada vez más roja
y era agria harina y los granos un llanto perforado
de pronto la traspasó un temor
y la mordió una sombra violenta de balas encarnadas
ella siguió huyendo
pidió ayuda para el bebé herido
gritó bebió dolor crudo abrió su pecho
pero los cielos dormían en lo oscuro
y los perros lamían a los muertos más tibios de la calle
al fin atravesó las puertas del Teatro del Drama
la luz de las varas buscó a la madre huérfana
y al niño que yacía entre sus brazos
se hizo la luz
luego
cuando el telón bajó cortando el envés del silencio
miradas tensas observaron la manta y la delicada sangre /.../

entre bambalinas la guerra pisoteaba los granos de trigo
y entonces, se oyó el grito de todas las madres
se hizo el oscuro más frío de marzo
y el telón abrió solemnemente su boca
allí estaban quizás más altivos o más tristes
en aquel segundo acto
los tanques los fusiles las ruinas los muertos
los soldados que no eran amigos ni enemigos
el temblor de las madres
las ramas heridas de algún decorado
y una sola oración de cielo y llanto
para tumbar de un tajo o en tres suspiros
a todos los ejércitos de la historia.

OLENA KOMAROWSKI

Alguien me dijo que algunas madres se habían refugiado en la escuela de la calle Donets'ka St. Las madres con sus hijos. Con sus bebés y con sus niños pequeños. Yo también corrí hacia allí con mi bebé envuelto en una manta. Me traspasó el miedo. Al ver los aviones militares en el cielo roto de Mariúpol, nos asustamos y todas corrimos hacia el colegio más próximo. Es una escuela de primaria, pensé. Nunca arrojarán bombas sobre un colegio. Nunca dispararán su artillería hacia un lugar lleno de madres y de niños pequeños. Eso pensé. Eso creí. Eso creíamos todas. Pero pronto oímos una gran explosión y, por las ventanas, vimos cómo nuestras casas saltaban por los aires... Los aviones rusos hacían círculos muy cerca del colegio, muy cerca del Teatro, muy cerca del parque, muy cerca de lo que era mi vida... Más lejos caían bombas y hasta se escuchaban las ráfagas de las balas y el insoportable estruendo de nuevas explosiones. Era lo normal en un paisaje herido y traspasado por la guerra... Ya estábamos acostumbrados al sonido de aquellos aviones sobrevolando Mariúpol... Lo que me pareció inusual era que volasen en círculos cada vez más cerrados sobre la escuela y el Teatro del Drama... No sé por qué cerré los ojos y, en un instante, vi la escuela saltando en mil pedazos. Me asusté con aquella visión... Y apreté a mi bebé para protegerlo... No. No creo que vayan a hacerlo. ¿Cómo van a bombardear unos refugios de civiles en los que sólo hay niños y madres arrodilladas rezando para que todo vuelva a ser igual que antes? ¿Qué sangre hay que llevar dentro del alma para cometer semejante acto de barbarie? De pronto, porque fue así, en un segundo, sentí que iba a ocurrir algo terrible. Me invadió el miedo y mastiqué el espanto. Abrigué a mi bebé con la manta y corrí con él y con otras madres hacia el teatro, porque nos pareció un lugar mucho más seguro que la escuela... En el camino, unos soldados rusos nos dispararon. Una bala me atravesó el brazo y alcanzó a mi niño. Sentía correr los hilos de sangre, pero no me detuve. Corrí y corrí hasta agotar el aire y las fuerzas que me quedaban. Ni siquiera me había dado cuenta de que la mayor parte de aquella sangre no era mía... La sangre no salía de mi brazo, pero no me detuve... Acababa de entrar con mi bebé en el Teatro del Drama, cuando sentimos la inmensa explosión... Y la escuela saltó hacia el cielo con sus lápices y sus cuadernos de colores... Un estallido fulminante. Nos quedamos mudas. Luego, llegó un silencio que dolía... Y después, un grito. ¡El mío! Un grito que reverberó por todo el Teatro del Drama. Un grito largo y tan espeso que casi se me coagula dentro de la boca. Un grito de dolor que no sabía dónde anclarse... ¡Era mi grito! El grito de una madre con su bebé herido y empapado de sangre... ¿Qué te han hecho, hijo mío?, grité. ¡Cuánta sangre! ¿Cómo puede salir tanta sangre de un niño tan pequeño? ¡Asesinos! ¡Rusos de mierda! ¡Criminales! Éramos madres buscando un refugio. ¿Acaso llevábamos armas o granadas en nuestros bolsillos? Me llamo Olena Komarowski y no voy a perdonaros nunca. Pido a Dios que algún día sintáis este mismo desgarro que yo siento ahora... ¿Cómo se les puede disparar a unas madres que huían con sus niños para salvarlos? Mirad lo que le han hecho. ¡Despiértate, hijo! ¡Despiértate! ¿Qué voy a hacer con toda tu sangre? ¡Que alguien me ayude a detener este chorro caliente!... ¿Qué voy a hacer con esta manta tan roja y tan fría?... ¡Rusos de mierda! ¡Éramos madres buscando un refugio! Una madre con un niño pequeño... Una madre huyendo del temblor de la guerra... ¿Qué te han hecho, mi vida? ¡Despiértate, hijo! ¿Es que no me oyes? ¿Qué voy a hacer con esta sangre que es tuya y mía? ¡Mírame! Coge mis dedos... ¿Tienes sed? ¿Tienes frío? ¿Tienes hambre? ¿Qué te pasa, dime?... Cuánta sangre,

Dios mío... ¿Cómo puede salir tanta sangre de un cuerpecito tan pequeño? ¿Qué miráis? Me la estoy bebiendo, porque es mía. De mi vientre. Mía.

LA HERIDA DE MARILIA LEMANSKI BUSCANDO ENTRE LOS ESCOMBROS. TESTIGO 27 DEL BOMBARDEO DEL TEATRO DEL DRAMA.

ROMAN IAKOVIENKO

"Fragmento de la encarnación de Medea" [Reescrito para esta escena por Yegor Chekhonastski].

/.../
intentó salvarlos y los llevó a la muerte
en los escombros yacen sus dos nombres
no era su intención encarnar a Medea
tan solo era un animal defendiendo a sus crías
una bestia asustada en medio de una guerra
o una madre exhausta en medio de la nada
Marilia Lemanski en su último grito y con carnívoro aliento
perdió las palabras o las hizo de piedras
cuidó de sus hijos con su amor más felino
pero fue a por pan y encontró cenizas
los que estuvimos allí lo sabemos
no fue ella la que les dio la muerte
no la culpéis
esquivó proyectiles para buscarles agua
era su madre y eran sus hijos
que nadie la culpe en el Teatro del Drama
que nadie intente hurgar
en el vaho de sus tripas
o en los indelebles hilos que ensartan
los bordes descosidos de sus llagas.

MARILIA LEMANSKI

Nunca debimos venir a este teatro... Pero me dijeron... *Allí, allí estaréis a salvo... Es el mejor refugio que tenemos.* Y me fui con mis dos hijos. Con Yuri y Alekséi. Ahora sé que nunca debí hacerlo. Pero una madre siempre quiere lo mejor para sus hijos... Y yo tenía cada día más miedo. Un miedo que se me encostró en la piel y por dentro de las tripas. Y me fui. Me fui porque todos huían... ¿Por qué lo hice? ¿Por qué abandoné mi casa? Debí quedarme. No dejo de repetírmelo. Allí estábamos más seguros mis hijos y yo. Era nuestra casa... Pero los perros rusos merodeaban por la zona y disparaban a todo lo que allí se movía. Me asustó la llegada de los tanques a mi calle. Allí estaban, parados delante de mi puerta. Me asusté tanto que cogí a los niños y me vine aquí, a este teatro porque sabía que aquí se refugiaban todas las madres con sus hijos. Las madres y los ancianos... *Es seguro*, me dijeron. El teatro es una fortaleza, un santuario, un lugar sagrado en Mariúpol. Delante y detrás del edificio, habían escrito en ruso con letras enormes la palabra 'niños' para que el enemigo la leyera desde el cielo... ¿Por qué lo han hecho? ¿Acaso somos soldados enemigos o no saben leer en su propia lengua? ¿Qué me importa a mí esta guerra de mierda? ¿Qué han hecho mis hijos? ¿Cuál es nuestra culpa? ¿Qué hemos hecho para encontrarnos así, sin un hogar sin pan y sin agua? ¿Qué hemos hecho para vernos así, en medio de la nieve sin una hoguera y sin un trozo de manta?... Yuri, Alekséi, está nevando y el frío comienza a traspasar los muros y los escombros. No hay estufas ni abrigos. Ni siquiera encuentro un brazado de leña para encender el fuego. Me da igual si perdemos o ganamos... Lo que yo quiero, lo único que quiero es que todo esto acabe pronto. ¡Ahora! Esta noche o mañana. Que acabe. Pero esta guerra no conoce la piedad ni la tregua. ¿Por qué huí de mi casa? ¿Acaso la abandoné para sepultar a mis hijos bajo las ruinas de este Teatro del Drama? No dejo de repetírmelo... Allí estábamos más seguros los tres. En nuestra casa. Entre nuestros escombros. En lo que aún quedaba de lo que era nuestra casa... Yuri, Alekséi, está nevando y ni siquiera encuentro un brazado de leña seca o un trozo de manta para abrigaros... Me da igual si perdemos o ganamos esta guerra del carajo... Lo único que quiero es cerrar los ojos y amanecer en mi cama. Despertarme como si nada hubiera pasado, como si esta guerra sólo hubiera sido un mal sueño... Despertarme igual que antes. Como siempre. En mi casa. Con mis hijos. Sin frío. Sin miedo. Sin hambre. Sin lágrimas... Sin que el horror de la guerra me enturbie la garganta o me queme la saliva y la carne de la lengua...

1/002

EN EL TEATRO DEL DRAMA

[16 DE MARZO DE 2022]

OTRO CRIMEN DE GUERRA:

A LARISSA LUKINOVA y A SU MADRE LAS VIOLARON UNOS SOLDADOS RUSOS EN PRESENCIA DEL JOVEN MITIA LUKINOV, DE 16 AÑOS. VIVÍAN EN LAS AFUERAS DE MARIÚPOL. SÓLO EL BOSQUE SUPO DEL HAMBRE DE LAS BESTIAS Y DEL HORROR DE LOS GRITOS.

Teatro de Mariúpol. 10:00 de la mañana del 16 de marzo de 2022. En el sótano y casi a oscuras. Con la detonación tiembla la raíz de los cimientos y los muros. En Ilión, otra vez se resquebrajan las murallas.

LA MADRE — ¡Larissa, Mitia!

LARISSA — Madre.

MITIA — No oigo nada... Me sangra un oído.

LA MADRE — ¿Estáis bien?... Hay que salir de aquí cuanto antes... Hay que abandonar estos escombros. Menos mal que nos vinimos a este rincón del teatro... La explosión ha sido arriba, más cerca del escenario. Hay que salir de aquí antes de que todo se desplome.

MITIA — No oigo nada... Estoy sordo...

LA MADRE — Yo os oigo muy lejos... Es por la explosión. Vámonos.

LARISSA — ¿Estás bien, madre?

LA MADRE — Sí. Ayudadme a levantarme.

LARISSA — ¿Por qué nos bombardean? No somos soldados. ¿Acaso no tuvieron bastante con lo que nos hicieron en casa? Me parece que aún tengo el sudor de cada bestia sobre mi cuerpo. Y sus babas. Y el olor de cada uno de ellos... ¡Porque olían a mierda de cerdos!

LA MADRE — Cállate, Lara... No es el momento para recordar algo que no ha pasado. Ningún soldado ruso abusó de ti. Ningún soldado ruso puso sus sucias manos en nuestros cuerpos... ¿Lo has oído, Mitia, hijo mío? En nuestra casa no ocurrió nada. Nada. Y si ocurrió algo se queda para siempre entre nosotros. ¿Lo has entendido, Larissa Lukinova? ¿Lo habéis entendido los dos? Allí no ocurrió nada.

LARISSA — No pienso olvidarlo. Cierro los ojos y los veo a los tres delante de Gorka. Bastaron tres ladridos para que lo mataran... Y luego entraron en la casa y golpearon y patearon a Mitia cuando intentó defendernos... Yo alcancé un cuchillo, pero no me sirvió de nada. Mientras me arrancaban las ropas, les clavé mis uñas. Los mordí con todas mis fuerzas. Me golpearon. Sudaban y olían como perros muertos... Luego vi cómo te forzaban, madre. Y cerré los ojos... Eran tres. Dos de ellos te sujetaban y uno te...

LA MADRE — ¡Cállate, Larissa! ¡Olvídalo!

MITIA — Debí matarlos... Papá hubiera matado a esos tres cabrones con tres balas. Apuntas y disparas, me decía papá. Céntrate en el blanco. No dudes. Apuntas y disparas. Para cada uno, una bala. Un disparo y una bala.

LA MADRE — ¡Basta ya! No quiero oír hablar más de ese asunto. Ahora se oye todo. Oigo gritos y llantos. Vienen de arriba. Vamos. Tenemos que abandonar este teatro. Ya no es un sitio seguro... Pero antes vamos a ayudar a los heridos. La gente prefirió quedarse cerca del escenario. Y de allí vienen las voces porque muchos estarán atrapados en los escombros. Y también habrá muertos y heridos. Y dolor. Mucho dolor. Y muchas lágrimas.

LARISSA — Pero, ¿por qué lo han hecho? Este teatro era un refugio. No hay soldados. No hay municiones ni fusiles. Sólo mujeres, niños y ancianos. ¿No tuvieron bastante con lo que nos hicieron en casa? ¡Rusos de mierda! ¡Volved a vuestra patria! ¡Volved a la puta Rusia! ¡Cabrones!

LA MADRE — Lara... No es el momento, hija mía. Cállate. Olvídalo ya.

LARISSA — ¿Que lo olvide?

LA MADRE — Sí.

LARISSA — No puedo.

LA MADRE — Podrás.

LARISSA — A veces no te entiendo... ¿De parte de quién estás? ¿Aún no sabes quiénes son los enemigos?

LA MADRE — Basta, Lara. Ya está bien. Mitia, coge tú esa maleta. Yo llevaré la documentación y el bolso... Nos vamos. Coge tu mochila, Lara... Nos vamos. Aunque sea andando, vamos a cruzar la frontera. En Polonia tenemos familia.

LARISSA — No quiero irme de Ucrania.

MITIA — Ni yo.

LA MADRE — Nos iremos los tres... Ya perdí a mi marido. Y no pienso perder a mis dos hijos.

MITIA — Volvamos a casa. Es nuestra. Y nadie podrá echarnos de allí.

LA MADRE — ¿A casa? ¿A qué casa, Mitia? Aquel distrito fue bombardeado. Allí sólo habrá lo mismo que aquí: escombros, muros y techos destruidos. Hambre, gritos y lágrimas. Habría que desescombrar y desinfectar los olores de los enemigos. Lo mejor es irse. Abandonarlo todo hasta que de nuevo la nieve sea blanca y los trigos verdeen por los campos.

LARISSA — No quiero ser una extranjera. No quiero ir de un sitio para otro. No quiero dar lástima a nadie ni quiero aprender una lengua que no es mía. Quiero, lo que yo quiero es quedarme aquí y volver a nuestra casa... Quiero que todo vuelva a ser como antes. Eso es lo que quiero. Quiero ver crecer el trigo en los campos y leer en silencio debajo de nuestro árbol... Y llorar. Quiero llorar sin que nadie me vea. Quiero llorar hasta cansarme. Estoy harta de esta guerra.

LA MADRE — Llorarás. Lloraremos las dos. Pero ahora, debemos irnos, Lara. Es lo mejor... Y cuando la guerra acabe, que algún día acabará, volveremos. Os juro a los dos que volveremos a esta tierra, a mi tierra, a la vuestra. Volveremos a Ucrania, a Mariúpol, Mitia. Y reconstruiremos nuestra casa. Y arreglaremos el huerto. Y en otoño cortaremos leña en el bosque. Encenderemos la chimenea y el horno. Y la casa olerá otra vez a dulces de miel y a pan nuevo. Y vendrán tus amigos. Y Lara nos cantará igual que antes de que estallara esta guerra. Volveremos a Ucrania. Os juro que volveremos a pisar esta tierra.

MIENTRAS MARILIA LEMANSKI BUSCA A SUS DOS HIJOS ENTRE LOS ESCOMBROS, TRES SOLDADOS RUSOS SE REFUGIAN EN EL TEATRO DEL DRAMA. ARDEN LAS MURALLAS DE MARIÚPOL DESPUÉS DEL BOMBARDEO... Y HÉCUBA ENTRA EN ESCENA.

Entre los escombros, el humo y las llamas del teatro. La lámpara de araña cuelga de un hilo, pero aún ilumina las sombras de la tragedia.

MARILIA LEMANSKI — No me digáis que espere a que acaben los bombardeos. Están ahí y voy a buscarlos. Los oigo debajo de los escombros. Y los siento. Y los huelo porque soy su madre. Aunque estuviera lejos de Mariúpol, sentiría cómo respiran... No me digáis que rece para que mis dos hijos aún sigan vivos. No pienso rezarle a nadie.

VERÓNIKA KHODUNOVA — Pues deberías rezar para que así sea. Todos deberíamos rezar para que esto acabe. Mi marido fue a por agua y aún no ha vuelto... Y mi hijo Vitya está tan asustado que ni siquiera me deja que lo abrace. Deberíamos rezar. Yo rezo para que todo vuelva a ser igual que antes. Rezo para que Dios me oiga.

MARILIA LEMANSKI — No voy a rezarle a nada ni a nadie. Sé que los dos están vivos. Sé que están debajo de esos escombros y sé que están llamándome y esperando que yo los saque de ese amasijo de piedras y sangre. ¡Alekséi, Yuri! ¿Es que no escucháis la voz de vuestra madre?

(*Un ruido atronador y una nueva explosión. Luego, un largo silencio*).

OLENA KOMAROWSKI — ¿Por qué vinimos aquí? Debí quedarme en mi casa con mi bebé. Pero me invadió el miedo y corrí con mi niño hacia el teatro. Me pareció un lugar mucho más seguro que la escuela. ¿Cómo pudieron hacerlo? ¡Rusos de mierda! ¡Éramos madres buscando un refugio! Una madre con su bebé en los brazos.

MARILIA LEMANSKI — Aunque tenga que machacar estas piedras una a una, aunque pierda mis manos y cada una de mis uñas, no descansaré hasta que os saque de ese montón de escombros. ¡Rusos del carajo! ¿Por qué? ¿Por qué lo habéis hecho? ¡Alekséi, Yuri! Os estoy llamando. ¿Es que no escucháis la voz de vuestra madre? Os he traído el agua. Y un trozo de pan tierno... ¡Silencio!... Callaos. No. No son ellos. No son las voces de mis hijos. Silencio. (*Un sonido de cristales rotos. Entra La Madre con Larissa y Mitia*). ¿Adónde vais con esas maletas?

LA MADRE — Nos vamos. Todos deberíamos irnos de aquí. Este teatro puede venirse abajo en un instante. Ya no es un lugar seguro. Y los rusos llegarán en cualquier momento.

MARILIA LEMANSKI — ¿Qué os pasa? ¿Es que nadie piensa ayudarme? Mis hijos están ahí debajo. Son dos niños pequeños. Querían agua y salí a buscarla. No sé dónde he puesto las botellas. Tendrán sed. Y estarán llenos de polvo y de miedo. O quizás ya no me oyen. ¡Yuri, Alekséi! O, a lo mejor, están heridos o cerca de las llamas.

LYUBA MARUSOVA — (*Saliendo del oscuro*). O muertos.

MARILIA LEMANSKI — ¡Están vivos! ¡No han muerto! ¡No han muerto! ¡Están vivos!

LYUBA MARUSOVA — Bajo estas murallas destruidas sólo hay muertos. Sangre y llamas. Llora por tus hijos, Medea. Tú no segaste sus cuellos, pero los dejaste cerca del filo del acero.

MARILIA LEMANSKI — Pero, ¿qué dice esta vieja loca? ¿Quién es Medea? Mi nombre es Marilia Lemanski... Y no he matado a mis hijos... Fui a por agua. Tenían sed y hambre. Volvía con el agua cuando el teatro saltó por aires y me quedé sorda y muda.

LYUBA MARUSOVA — ¿Y quién, Medea, no tiene hambre y sed entre estos despojos desde que hemos sido sitiados por estos bárbaros rusos? ¿Quién no ensordece o pierde el corazón y la palabra?

MARILIA LEMANSKI — Pero, ¿ha perdido usted la cabeza? Esto no es uno de sus dramas. ¡Es la guerra! ¡La guerra! ¡Y nos han bombardeado!

LYUBA MARUSOVA — Oh Ucrania, Hécuba o como quieran llamarme, ¿qué ha sido de Troya, qué ha sido de esta tierra de Príamo? ¿Qué ha sido de este teatro de Mariúpol, de este esplendoroso palacio donde he dejado casi toda mi vida? ¿Qué han hecho los invasores con esta casa que era mía? Me la han llenado de cadáveres y de heridos. Las llamas han sembrado de desolación y de lágrimas los oropeles de este inexpugnable palacio... Ahora sólo lo habita el dolor y la muerte. La sangre corre entre los escombros, los gritos inundan el patio de butacas, el escenario es un campo de maletas quemadas y los buitres sobrevuelan las ruinas. ¿Qué haremos ahora, Andrómaca, hija mía? ¿Qué haremos con tantos cuerpos quietos o mutilados entre estas murallas de Troya? Malditos rusos. Malditos invasores... Yo estaba preparándome un té con hierbabuena y de pronto hasta el té se me volvió más rojo que la sangre... Dicen que han venido a liberarnos. ¿De qué van a liberarnos? ¿De quién? Estábamos preparando coronas y guirnaldas de alegría y ahora hemos de llorar por nuestros muertos. Y también por nosotras, que ahora hemos de rezar y de teñir nuestras ropas de luto y de llanto... (*Hablando con ella misma*). Oh Ucrania, ¿qué harás viéndote tan abandonada, tan herida y tan pobre? ¿Qué han hecho con la hermosura y el esplendor de este Teatro? Todo ha sido destruido. Todo ha sido devorado por las llamas. No es necesario que una bala te atraviese el pecho para sentirte herida. ¿Me estáis oyendo? No es necesario que tu sangre manche las escalinatas de este palacio para que te traspase el dolor y escupas a los invasores y a todos los culpables de esta guerra... Oh Marilia Lemanski, tu dolor es tan grande que te has quedado muda y paralizada como un animal herido por sus lágrimas. Pero no debes llorar por los que aún están vivos. Tus hijos no han muerto. Lo sé... Vamos a buscarlos sin perder ni un segundo. Vamos a quitar cada una de esas piedras. Vamos a escarbar hasta encontrarlos... ¿Los oyes, Marilia? He oído las voces de unos niños pequeños.

MARILIA LEMANSKI — Son ellos. ¡Son mis hijos!

LYUBA MARUSOVA — Y ahora serán los hijos de todas... Oídme. Oíd a la vieja Ucrania. Pronto vendrán a ayudarnos. Nuestros soldados, la Cruz Roja, los voluntarios. Todos vendrán en nuestra ayuda. Pero ahora lo que importa, lo único que nos importa es encontrar a los hijos de Marilia y a todos los heridos. ¿Adónde vais? No abandonéis el teatro. Aún nos defienden los muros que no han sido destruidos. Aún podemos salvar a los que viven. ¿Acaso os asustan los gritos, el dolor o la sangre? Estamos en medio de una guerra. Y las guerras siembran de muerte las calles, las escuelas, los hospitales y hasta los teatros más sagrados. Las guerras son así. Siempre hay dos bandos. Siempre hay vencedores y vencidos. Siempre hay un pueblo invasor y otro invadido. Unos ganan y otros pierden. Y nosotros lo estamos perdiendo todo. Todo. (*Comienza a quitar escombros junto a otras mujeres*). Pero aún debemos mantener la cabeza muy alta y el dolor muy adentro. Aún podemos coger dos piedras con nuestras manos y apedrear a esos rusos del carajo. Ni siquiera han respetado la palabra NIÑOS escrita en su propia lengua. La han leído y nos han bombardeado. ¿Qué se puede esperar de una gentuza como esa? ¿Dónde guardan la compasión y la ternura que les quedan? ¿Acaso el frío y la nieve les arrancaron de cuajo sus últimas lágrimas y la única brizna de misericordia que aún guardaban en sus bolsillos?

LA MADRE — No sé cuánto durará esto ni cuál será el fin de esta guerra. Pero mis hijos y yo nos vamos. Todos deberíamos irnos. Este teatro ya no es seguro. Ni esta ciudad ni este país. Los rusos han venido para quedarse. Alargarán la guerra hasta que Ucrania sea suya. Y luego se ensañarán con nosotros. No me voy a quedar aquí hasta que eso pase. Nos vamos. Vamos a cruzar la frontera. Me voy con mis hijos. Ya destruyeron mi casa. Nos dejaron sin nada. Los rusos nos partieron la vida de un tajo. Debemos salvar lo poco que nos queda. Todos deberíamos irnos de aquí ahora mismo. Todos deberíamos irnos antes de que otro misil o un puñado de granadas nos hagan saltar a todos por los aires. (*A sus hijos*). Mis hijos y yo abandonamos este teatro.

(*Por uno de los laterales entran tres soldados rusos. Dos de ellos vienen heridos*).

SOLDADO RUSO UNO1 — ¿Y adónde vais?

LA MADRE — Fuera. Lejos. Muy lejos de esta guerra.

SOLDADO RUSO DOS2 — De aquí no sale nadie.

SOLDADO RUSO UNO1 — Nuestro compañero está malherido. Vuestros soldados nos han disparado y nos han lanzado una granada. Se está desangrando. Y a mí también me han dado en el costado. Creo que tengo una bala dentro. ¿Hay algún médico aquí? ¿Alguna enfermera? ¿Alguien que sepa ayudarnos? No os lo pido como un soldado enemigo. Os lo pido como...

SOLDADO RUSO TRES3 — Por favor.

SOLDADO RUSO DOS2 — No voy a repetirlo... Que alguien le pare la hemorragia o disparo al primero que se me antoje.

LARISSA — No vamos a ayudar a ningún enemigo.

LA MADRE — Cállate, Lara.

LARISSA — Por vuestra culpa el Teatro está lleno de muertos y de heridos... ¿Cómo os atrevéis a pedirnos ayuda? ¿No os da vergüenza? ¿Dónde está la hombría del ejército ruso? ¿Es que no estáis viendo el crimen que habéis cometido? ¡Mirad lo que habéis hecho! ¿Qué os parece el espectáculo?

LA MADRE — Por el amor de Dios, Lara. Cállate de una vez.

SOLDADO RUSO DOS2 — Habla bien esta zorra ucraniana... Me gusta... Pero ahora vais a ayudarnos o le meto dos balas a este joven o esa mujer o a ese viejo de ahí o a ti, hermosa Lara.

SOLDADO RUSO UNO1 — Tranquilos. No vamos a dispararle a nadie. Sólo queremos que nos ayudéis. Sólo queremos que alguien le pare la hemorragia a este soldado mientras llega nuestra ayuda.

EL ANCIANO PÁVEL VYSOTSKI — Habéis traído la destrucción y el llanto, ¿y queréis que nosotros os ayudemos? Nos habéis quitado la vida, ¡nuestra vida!, y nos habéis llenado esta ciudad de dolor y de muertos, ¿y queréis que os ayudemos? ¿A qué? ¿A vivir o a morir?

SOLDADO RUSO TRES3 — Ah... Me duele... Déjame en el suelo... Por favor, ayúdenme.

OLENA KOMAROWSKI — Demasiada sangre. Demasiadas heridas.

LYUBA MARUSOVA — Sagrada es la sangre cuando está viva, pero la tuya, joven enemigo, busca el curso final de las tinieblas.

EL ANCIANO PÁVEL VYSOTSKI — Malditos rusos invasores, ¿no se os revuelven las entrañas mirando el escenario del crimen? ¡Esto era un refugio! ¡Un santuario! Un lugar sagrado para el teatro y un lugar inviolable donde se refugiaban mujeres, niños y ancianos. Pintamos con letras enormes la palabra "DETI". Delante y detrás del teatro se leía esa palabra. Es imposible que no la viesen desde el cielo. Es imposible que no la leyesen. Y aun así detonaron las bombas. ¿Qué habéis hecho con Mariúpol? ¿Con qué vais a pagar tantas pérdidas? Estábamos aquí con el fuego encendido en las chimeneas, preparando la mesa, el pan y el vino. Y llegasteis vosotros a liberarnos. ¿De qué? ¿De quién? ¿De quiénes tenían que liberarnos los putos soldados rusos?

SOLDADO RUSO DOS2 — (*Apuntándole con el fusil*). Maldito viejo ucraniano. Cierra de una vez esa boca de mierda.

MARILIA LEMANSKI — ¿Vas a dispararle a un anciano indefenso? ¿Es que no habéis tenido bastante? (*Yendo hacia ellos*). ¿Dónde están mis hijos? ¿Qué habéis hecho con ellos?... Ya no los oigo. Silencio. Ya no oigo sus voces. ¡Yuri, Alekséi! Os estoy llamando. ¡Contestadme!

SOLDADO RUSO DOS2 — (*Apuntándole con el fusil*). ¡Atrás! ¡Atrás!

MARILIA LEMANSKI — Ayúdenme a apartar esos escombros. Tendrán sed. Tendrán miedo. Tendrán frío. ¡Yuri, Alekséi! ¡Ya no os oigo! ¡Gritad fuerte para que mamá os oiga! Ayúdenme a encontrarlos. Por el amor de Dios, son dos niños... Tenían sed y fui a buscarles un poco de agua.

SOLDADO RUSO TRES3 — Por favor, ayúdenme. Tengo sed. Ayúdenme a parar esta sangre.

SOLDADO RUSO UNO1 — ¿Es que no veis que se está desangrando? Yo también estoy herido. Nos ayudan y nos vamos. De todos modos, pronto llegará nuestro pelotón y la Cruz Roja o los de la ayuda humanitaria. Nosotros nos adelantamos para inspeccionar el lugar de la explosión. A mí también me han dado en el costado. ¿Veis? Creo que tengo la bala dentro. Seguro que aquí hay alguien que sabe cómo parar esa hemorragia y sacarme esta puta bala del costado. ¿Hay aquí algún médico o enfermero? Nos ayudan y nos vamos. Os lo juro.

SOLDADO RUSO DOS2 — (*Apuntándole con el fusil*). ¿No están oyendo a mi compañero? ¿No hay ningún médico ni ninguna enfermera?

SOLDADO RUSO TRES3 — Por favor, ayúdenme. Me duele... Agua... Tengo sed... Agua... Por favor, señora...

VERÓNIKA KHODUNOVA — ¿Agua? Ni una gota... Por vuestra culpa, los niños se morían de sed. Pasaban hambre. Y frío... Nadie de los que estamos aquí le dará agua a ningún enemigo.

SOLDADO RUSO TRES3 — Por favor. Ayúdenme. Estoy empapado de sangre. Apenas puedo moverme. Aaaaah. Cómo me duele... Agua. Por el amor de Dios, señora. Deje, por lo menos, que... me moje... los labios.

LYUBA MARUSOVA — (*Al Soldado Ruso Dos2*). Pues, deje de apuntarnos con esa arma. Y deje de amenazarnos. ¿Es que no huelen nuestro miedo? Aún estamos aturdidos. Aún no sabemos cuántos son los vivos y cuántos los muertos. Deje de apuntarnos de una vez con ese fusil. ¿No ve que el dolor nos pesa tanto que apenas podemos mantenernos en pie? ¿No ve la sal de nuestras lágrimas pegada en las mejillas? Hasta el Mar de Azov grita en sus adentros y traga la misma hiel que nosotros. (*Se acerca al Soldado Ruso Tres3 y le da un poco de agua*).

VERÓNIKA KHODUNOVA — No se merecen ni una gota. Mi marido fue a por agua... Y aún no sé si lo alcanzó algún proyectil o una granada.

LYUBA MARUSOVA — Si fuera mi hijo, querría que un buen samaritano le diese de beber y lo socorriese. ¿Alguien sabe detener esa hemorragia? ¿Es que no hay nadie que pueda ayudarle? ¿Es que el corazón se nos ha vuelto de piedra? Este soldado ruso está sufriendo. Es casi un niño. Y podría ser mi hijo. O el vuestro. Yo voy a sacar esa bala. Sé cómo hacerlo. ¿Es que nadie va a detenerle esa maldita hemorragia de sangre rusa?

EL ANCIANO PÁVEL VYSOTSKI — No soy médico. Soy veterinario. Pero ya es tarde para taponar tantas heridas. Ha perdido mucha sangre. No creo que pueda salvarle la vida, aunque puedo intentarlo.

LYUBA MARUSOVA — (*Al Soldado Ruso Uno1*). Deje ahí el fusil. Siéntese ahí, a mi lado. (*El Soldado Ruso Uno1 deja su arma en el suelo*). Tranquilo. Joven enemigo, no tengas tanto miedo. Vamos sacarte esa bala del costado.

LARISSA — Pero, ¿van ustedes a ayudarles? ¿A estos asesinos? Son nuestros enemigos. Y yo conozco a estos soldados. Desde que han entrado no hago más que mirarlos. Desde que pusieron sus sucias botas en este teatro, me he fijado en sus caras, en sus ojos, en sus manos, en sus voces, en el asqueroso olor que desprenden sus uniformes y sus cuerpos sudados. Son ellos. Son ellos, Mitia. ¡Son los tres rusos de mierda! ¡Son los tres soldados que entraron en nuestra casa!

MITIA — (*Se agacha con rapidez y coge el fusil del Soldado Ruso Uno1*). Hijos de puta... (*Apunta hacia los soldados*).

SOLDADO RUSO DOS2 — (*Apuntándole con el fusil*). Déjalo en su sitio, niño. ¡Ahora!

MITIA — ¿No recordáis a mi madre y a mi hermana? ¿Ya no os acordáis de mí? '*Vamos a atarlo y a vendarle los ojos*', eso dijisteis... '*¿O prefieres ver cómo lo hacemos con tu madre y tu hermana*?' Luego me golpeasteis en la cabeza.

SOLDADO RUSO DOS2 — (*Apuntándole con el fusil*). ¿Le has quitado el seguro, cachorrito? No creo que hayas disparado nunca un fusil como ese.

MITIA — (*Quitándole el seguro*). He disparado muchas veces un fusil parecido a este. Me enseñó mi padre. Sé cómo apuntar y adónde dirigir la bala para dar en el blanco. En tu frente o en tu puto cuello.

SOLDADO RUSO DOS2 — Voy a matarte, perrillo ucraniano... Voy a atravesarte con una ráfaga, ucraniano de mierda, y vas a saltar por los aires como una lata de cerveza.

SOLDADO RUSO UNO1 — (*Saca su pistola y apunta hacia Mitia y hacia el Soldado Ruso Dos2*). ¡Quietos! ¡No vas a dispararle a nadie! No son soldados enemigos. Son civiles. Así que deja de apuntarles ahora mismo. (*Apuntando ahora a Lyuba Marusova*).Y usted va a sacarme esta bala y alguien va a taponar las heridas de mi compañero. Y tú, niño valiente, tranquilízate y tráeme ese fusil, que es mío.

MITIA — No. No está bien lo que hicisteis... (*Señalando al Soldado Ruso Dos2*). Entrasteis los tres en mi casa y tú mataste a mi perro. Luego, violasteis a mi madre y a mi hermana. ¿Ya lo habéis olvidado? '*Vamos a atar a este cachorrito y a vendarle los ojos*', eso me dijisteis... Pero yo lo oía todo... Y os gritaba: '*Por el amor de Dios, parad de una vez. ¡Basta! ¡Dejadlas! ¡Dejadlas!*'

LA MADRE — ¡Cállate, hijo! Por el amor de Dios, Mitia, cállate.

MITIA — Yo oía los gritos de mi hermana y el dolor de mi madre. Y yo... Yo os suplicaba por lo más sagrado que paraseis. Y lloraba porque estaba atado y no podía defenderlas. (*Al Soldado Ruso Dos2*). Pero ahora, ahora voy a matarte... ¡Maldito ruso de mierda!

SOLDADO RUSO DOS2

No eres tan valiente como tú crees, niñato. Mírate. Te tiembla el pulso porque, en realidad, no quieres matarme. ¿Has matado alguna vez a alguien? ¿No? Pues, ¿a qué esperas para dejar ese fusil en el suelo. Suéltalo. Ahora.

MITIA — No.

LARISSA — No dejes de apuntarles, Mitia. Y dispara antes de que él te atraviese la frente con una bala. ¡Dispárale! ¡Ahora! ¡Ahora, Mitia!

LA MADRE — ¡No! ¡No son ellos, Mitia! Por el amor de Dios, Lara, no son ellos. No lo hagas, hijo mío. Aparta ese fusil. Déjalo donde estaba y ven a mi lado. Eran otros soldados rusos. Ellos no tienen la culpa de lo que nos hicieron. Olvídalo, Mitia. Larissa Lukinova, dile a tu hermano que suelte esa escopeta. Dile que te has enajenado. Dile la verdad, Lara. Dile que estos tres hombres no son los tres soldados rusos que entraron en nuestra casa. Por el amor de Dios, Lara, ya se ha derramado demasiada sangre en esta guerra. Mira a ese muchacho. Se está desangrando y no hacemos nada para ayudarlo. ¿Dónde está nuestra compasión? ¿Es que ya no nos queda ni una brizna de misericordia? Dile la verdad, Lara. Las dos sabemos que estos soldados no entraron en nuestra casa.

LARISSA — (*Yendo hacia su hermano*). Dame el fusil, Mitia... Dámelo, hermano. No son ellos. Es la verdad, Mitia.

No fueron ellos los que violaron a tu madre y a tu hermana. Eran otros soldados. Eran otros rusos de mierda los que se divirtieron con tu madre y tu hermana. Dame el fusil, Mitia, y ven a mi lado. Tranquilo. Trae.

MITIA — (*Dándole el arma*). Pero, tú dijiste que eran ellos. Que eran los que entraron en nuestra casa. Dijiste que ese fue el que mató a nuestro perro.

LARISSA — Lo dije. Claro que lo dije. (*Pausa breve. Apretando el fusil*). Lo dije. Y es cierto. Es cierto. Te he mentido, Mitia. (*Apuntando a los soldados rusos*). Son ellos. Son los tres hijos de puta que me babosearon y me forzaron. Los tres que abusaron salvajemente de tu querida madre y de tu única hermana. Sólo uno de ellos quiso impedirlo. Pero luego no hizo nada. Por eso, es tan culpable como los otros.

SOLDADO RUSO UNO1 — Te estoy apuntando con mi pistola. No lo olvides. Devuélveme ese fusil. Ya se han derramado demasiadas balas.

EL ANCIANO PÁVEL VYSOTSKI — Este hombre necesita ahora mismo una transfusión de sangre.

OLENA KOMAROWSKI — Ese hombre sólo necesita morir. En realidad, ya está muerto. Como mi bebé, que ya no llora ni se mueve y está cada vez más frío. Muy frío. Y ya ni siquiera se mueve ni respira. Pero yo voy a amantarlo ahora mismo para que su cuerpecito se caliente con mi leche tibia. Se despertará y volverá a sonreír y a mover sus manitas mi bebé... Y luego le cantaré una nana para que duerma.

MARILIA LEMANSKI — Pero, ¿os habéis vuelto locos? ¿Qué me importan a mí estos asquerosos soldados rusos? ¿Qué me importa que mueran? Me importan mis hijos. Eso es lo que nos importa. Mis hijos y todos los niños que aún respiran debajo de los escombros. Los rusos... ¡Que se vayan al carajo! Ellos son los que deberían estar aplastados y reventados debajo de ese montón de piedras y no nuestros niños. No los tuve dentro de mi vientre nueve meses para que unos rusos de mierda vengan a arrebatarme lo es mío. (*A los soldados rusos*). ¿Queréis dispararme? Pues, aquí tenéis mi frente, mi nuca y mi costado. Mátalos, Lara. Que paguen por lo que han hecho. Acaba de una vez con ellos y ayudadme a escarbar en ese amasijo de piedras.

LARISSA — Te ayudaremos, Marilia. Pero antes, antes mira cómo aprieto este gatillo y descargo una bala tras otra sobre estos tres puercos soldados rusos.

LA MADRE — ¡Lara!

LYUBA MARUSOVA — ¿Y con eso olvidarás lo que te hicieron, Briseida?

LARISSA — Con eso sabré que ya están muertos.

SOLDADO RUSO UNO1 — Ninguno de los tres estuvimos en tu casa.

SOLDADO RUSO DOS2 — No estuve, pero me hubiese gustado follarte.

LARISSA — (*Dispara dos veces al soldado ruso, que busca la salida*). ¡Hijo de puta! ¡Ruso de mierda! ¡No huyas, cabrón! Voy a abrirte el pecho con un puñado de balas.

SOLDADO RUSO DOS2 — (*Le dispara a Larissa y ella le responde con otro disparo. Corriendo hacia la salida*). ¡Zorra ucraniana! ¡Voy a volver para follarte, puta de mierda!

LA MADRE Y MITIA — ¡Lara!

SOLDADO RUSO UNO1 — Corre. Vete y busca ayuda.

LARISSA — (*Apuntándole al Soldado Ruso Uno1*).

Quieto. No te muevas. A ti también te recuerdo. Tú quisiste impedirlo, pero no hiciste nada. Eres tan culpable como los otros.

MITIA — No lo hagas, Lara. Mamá dice que no fueron ellos, que eran otros soldados rusos. Yo no me acuerdo de sus caras. Me vendaron los ojos.

LARISSA — Pero yo, sí. Aún recuerdo el olor de cada uno. (*Al Soldado Ruso Uno1*). Es justo que pagues por tu delito.

(*Le dispara* justo *en el momento en que Lyuba Marusova hurga en la herida y le saca la bala*).

LA MADRE — ¡Lara!

LYUBA MARUSOVA — (*Tras un grito casi sordo*). Está muerto. Lo has matado, Lara. Ahora que le he sacado esta bala, le has quitado la vida. Lo has matado y ahora vendrán a buscarnos. Los rusos llegarán muy pronto y vengarán la muerte de este soldado. Debemos darnos prisa en prepararlo todo. Debemos abandonar estas murallas destruidas. Deprisa, Lara. Sal de aquí. Vete con tu madre y tu hermano. Salid pronto de estas ruinas. (*Al anciano Pável*). Oh Príamo, ¿qué haremos con ese enemigo moribundo al que intentas salvar ya sin remedio?

EL ANCIANO PÁVEL VYSOTSKI — Sigue sangrando... Menos que antes, pero necesita urgentemente un hospital.

LA MADRE — ¿Qué has hecho, Lara, hija mía? Ahora vendrán los rusos y nos llenarán de balas o nos llevarán a sus campos de trabajo.

OLENA KOMAROWSKI — Ya nunca saldremos vivos de este teatro.

MARILIA LEMANSKI — Nos matarán a todos. Tenemos que encontrar a mis hijos y salir de aquí cuanto antes.

LYUBA MARUSOVA — ¿Y por qué iban a hacerlo? ¿Por qué iban a matarnos? ¿Acaso nosotros hemos cometido algún delito? Ellos sí que han cometido un crimen de guerra lanzando a mi palacio dos misiles. Han destruido mi escenario, mi trono, mi telón de oro y terciopelo granate, mi camerino, mi atrezo, los focos que iluminaban mis dramas y tragedias. ¡Ellos sí que han cometido un crimen de guerra! Mi pueblo duerme bajo estas ruinas. Las madres siguen gritando por sus hijos. Los niños lloran heridos o mutilados. Han convertido este teatro en una nueva Ilión. Otra vez arde Troya. ¡Arde Troya y mi vida entera! Oh Mariúpol, ¿qué haremos ahora sin nuestras murallas? ¿Y qué haremos, amigo y sabio Pável, viejo Príamo y anciano Laocoonte, qué haremos con este Aquiles y su sangre derramada?

EL ANCIANO PÁVEL VYSOTSKI — Quiere decirnos algo.

OLENA KOMAROWSKI — Lo mejor es que no pueda decir nada.

VERÓNIKA KHODUNOVA — Lo mejor es taparle para siempre esa asquerosa boca extranjera.

SOLDADO RUSO TRES3 — Aaaaah... Me dueeele... Por favor, señora...

MARILIA LEMANSKI — Lo mejor es ayudarle a morir.

EL ANCIANO PÁVEL VYSOTSKI — Pero, ¿qué os pasa? ¿Os habéis vuelto locas?

LA MADRE — (*Iniciando el mutis con sus hijos*). Su madre estará esperando que vuelva. No quiero verlo. Sé lo que estáis maquinando, pero yo no estaré aquí para ver vuestro crimen.

LARISSA — Yo me quedo.

MITIA — Ven con nosotros, Lara. Por favor, hermana.

LARISSA — Me quedo.

LA MADRE — Lara...

LARISSA — Seguid vosotros. Luego os alcanzo. Cuida de mamá, Mitia.

MITIA — (*Saliendo con su madre*). Lo haré, hermana. Pero no tardes.

LYUBA MARUSOVA — Silencio. Dejad que Hécuba lo vele. Dejad que Ucrania ocupe el lugar de su madre. Y de todas las madres de esta guerra. Dejadme que lo abrigue con mi manto. Ya estoy aquí, joven Aquiles. La vieja Hécuba está contigo. Voy a ayudarte, hermoso enemigo. ¿Tienes sed? ¿Quieres agua?

SOLDADO RUSO TRES3 — Aaaaah... Me dueeele... Por favor, señora, ayúdeme.

LYUBA MARUSOVA — Joven y valiente Aquiles, ¿también tú viniste con hambre de liberarnos? ¿O es que te creció el ansia de matar a cientos de enemigos en esta guerra? ¿O acaso tu afán de gloria y tu ansia de salir victorioso y con laureles te dio fuerzas para pisar esta tierra que no es tuya y por eso viniste a sembrarla de muertos y a regarla de lágrimas?

SOLDADO RUSO TRES3

Ayúdeme, señora. Quiero volver a mi casa. Yo nunca quise ponerme este uniforme de guerra... Aaaaaaah... Me dueeeele... Me duele... Cuánto me duele, señora... Aaaaah... Por favor, sé que pueden ayudarme. No deje que me desangre... Quiero volver a mi casa.

LYUBA MARUSOVA — Y volverás.

SOLDADO RUSO TRES3 — Me enviaron... aquí. Pero yo, señora, yo odio... esta guerra. Yo odio cualquier guerra... Me... asustan las balas, los misiles, los muertos, el ruido, las granadas, el dolor, los gritos y el color de la sangre... Aaaaah... Aaaaah... Me llamo Yuri Ivanovich... Y lo que yo quiero... Aaaaah... Me dueeeeeleee... Cómo me dueeele... Lo único que yo... quiero... es volver... a... mi... casa.

LYUBA MARUSOVA — Y volverás, hermoso y joven Aquiles. Volverás a tu casa. El anciano Pável Visotski ha taponado casi todas tus heridas. Bien hecho anciano y sabio Tiresias. Era tu deber intentar salvarle la vida. Pero mi deber es otro, joven Aquiles. Mi deber es olvidarme de Antígona y meterme en la piel de Hécuba. ¿Lo entiendes? ¿Has leído alguna vez a Eurípides o a Sófocles, pacífico enemigo? ¿Viste alguna vez sobre un escenario alguna de sus sublimes tragedias? ¿Nunca viste a la gran Lyuba Marusova interpretando a la arrogante y piadosa Antígona? ¿Nunca me viste en tu tierra con las lágrimas de Hécuba o con el dolor y la rabia de Medea? No. A tu edad, aún no habéis leído a los trágicos. Tampoco a Homero. Ni siquiera, jóvenes soldados de Rusia, sabéis leer la palabra NIÑOS en vuestra lengua. La palabra 'DETI'... 'DETI'... 'DETI'... Lo escribimos con letras enormes y con ramas blancas de esperanza. Hasta los pájaros podían leerlas desde el cielo. Ahora, joven y hermoso Aquiles, voy a ayudarte. La vieja Ucrania va a llevarte a tu casa, hijo mío. (*Comienza a destaponarle las numerosas heridas*).

EL ANCIANO PÁVEL VYSOTSKI — Pero, ¿qué hace? ¿Qué coño está haciendo usted ahora?

LYUBA MARUSOVA — Llevarlo a su casa.

EL ANCIANO PÁVEL VYSOTSKI — Se desangrará. No lo haga, Lyuba. Si lo hace, morirá en unos minutos.

LYUBA MARUSOVA — Es lo justo... Ojo por ojo y sangre por sangre.

EL ANCIANO PÁVEL VYSOTSKI — No lo consentiré. ¡Es un crimen!

MARILIA LEMANSKI — ¡No es ningún crimen, señor Visotski! ¡Es lo justo!

EL ANCIANO PÁVEL VYSOTSKI — ¿Lo justo? ¿Qué hay de justo en matar a un joven indefenso y malherido, aunque sea uno de nuestros soldados enemigos? ¡Es un crimen ahora y siempre! ¡Aquí y en cualquier guerra! ¡Y voy a impedirlo! Pero, ¿qué os pasa? ¡No debemos pagarles con la misma moneda! (*Intenta impedir que Lyuba Marusova siga destaponándole las numerosas heridas al soldado, pero algunas mujeres lo sujetan*). ¡Dejadme!

LYUBA MARUSOVA — Déjeme interpretar mi escena, noble y respetado samaritano. No me lo impida, viejo y distinguido Laocoonte. Atrás. Atrás. ¡Mire lo que han hecho con mi palacio! ¡Mire el reguero de muertos y de llantos feroces! ¡Mire a mis niños, anciano Pável! Soy Ucrania. ¡Yo soy la gran Ucrania! ¿Cómo no voy a vengar la muerte de mis hijos?

SOLDADO RUSO TRES3 — Ayúdeme... Por favor, señora, se lo suplico...

LYUBA MARUSOVA — Es lo que hago, hermoso Aquiles. Ayudarte. ¿Ves? Te desato los torniquetes y tiro suavemente de las telas ensangrentadas. Tú irás notando que te pesan los párpados y que un intenso letargo te arrastra al tálamo del sueño. La somnolencia crece a cada instante. Tu cuerpo lentamente se desgrana. Te vas. Vuelves a tu casa. Y ahora tu alma. ¿Tienen almas los enemigos, joven Patroclo? ¿Acaso conocen la compasión y la ternura los enemigos? Oh Ucrania, no eres más que una Hécuba hambrienta de venganza. ¿Qué me pasa? ¿Adónde ha ido mi sangre de Antígona? No soy más que otro Creonte. Eso soy: un nuevo y despiadado Creonte con corazón de hiel y mármol negro. Despierta, hijo mío. Despierta, hermoso Aquiles extranjero. ¿Qué culpa tienes tú de esta guerra? ¿Eres tú Abel o eres Caín? ¿Cuál de los dos era inocente, si es que había uno que lo fuera? ¿Quién venció a quién, hijo mío? ¿Y qué culpa tiene una madre rusa como la tuya de que tú estés aquí en mis rodillas, derramando lo que queda de tu sangre y enfriando gota a gota los hermosos hilos de tu cuerpo? ¡Ninguna! ¿Qué culpa va a tener una madre? (*Tapándole fuertemente con sus manos la boca y la nariz*). ¿Qué culpa va a tener tu pobre madre, que aún no sabe que ahora tendrá que vestirse de luto? Por ti, hermoso Aquiles. Por ti, hijo mío. Por su hermoso y valiente soldado ruso. ¿Cuántas madres estarán ahora rezando y encendiendo velas en sus iglesias? ¿Cuántas habrán derramado hasta la última de sus lágrimas? Tranquilo. Hécuba está contigo. Lyuba Marusova está contigo. (*Mientras va retirando sus manos de la boca y de la nariz del soldado*). Ya está. Todo se ha consumado. He cortado tu último hilo. Descansa, joven soldado enemigo. Vuelve a tu casa. Ve con tu madre, Yuri Ivanovich.

(*Abrazando al joven soldado ruso mientras recita a Eurípides como nunca antes lo había hecho*).
"¡Oh hijo de mi hijo desdichado!
Nos arrancan tu vida a mí y a tu madre.
¿Qué haré yo por ti, desventurado?
¡Sólo estas heridas en nuestras cabezas
y estos golpes en nuestro pecho! ¿Qué mal no sufrimos,
cuál nos falta, para que acaben de una vez conmigo?"

EL ANCIANO PÁVEL VYSOTSKI — Oh Lyuba Marusova, no eres más que otra Judith con la cabeza de Holofernes entre sus manos.

LYUBA MARUSOVA

(*Creciéndose y luciendo sus grandes virtudes para la tragedia*).
'¡Ay de las naciones que se alzan contra mi raza!'
Ay de aquellos que desconocen la uña del león
y la confunden con la piel de los corderos.
Aquí estamos, invasores.
Aquí estamos y os miramos fijamente,
aguantando las lágrimas de la guerra.

Aquí seguimos con la cabeza muy alta
y con el dolor encostrado.
Pero no es esto...
No es esto lo que quería la desolada Ucrania.
¡No era esto lo que yo quería!
¿Cómo he podido hacerlo?
Ninguna venganza es justa.
Ninguna guerra es justa.
Siento que se me revuelven las entrañas
y que he pisado el fango y las tinieblas.
¿Me estáis oyendo?
Ninguna venganza es justa.
Ninguna guerra es justa.
Pero nosotros estábamos aquí,
amasando el pan en nuestras casas
y llenando nuestras copas de vino.
Nosotros estábamos aquí, enarbolando la paz
y repudiando al dios de los ejércitos.
Yo estaba en mi camerino con mi hijo Héctor
y con mi hermoso Paris.
Y ellos llegaron con su ansia y acamparon en las fronteras.
Esperaron el día señalado
y pisaron nuestra tierra con sus tanques
y sus ruidosas suelas de soldados.
Invadieron nuestras calles y las sembraron de muertos
y de murallas de escombros.
Nadie los llamó para que vinieran a arrancarnos la vida.
Izamos banderas blancas y nos las mancharon de sangre.
Nos refugiamos entre estos muros
y sus misiles en un segundo los hicieron saltar por los aires.
Oh triste y desahuciada Ucrania
envuelta en humo y en espantosas llamas,
¿qué queda de los templos de Iliión?
Decidme, troyanos.
¿qué queda de lo que fueron estas grandiosas murallas?

Escombros, cadáveres, humo y ruinas.
¿Qué queda de mi reino? ¿Dónde está mi escenario?
¿Qué queda de este santuario del drama?
¿Qué queda de mí y de nuestras vidas?
¿Dónde están mis parques y mis jardines
y aquellos árboles que llevaban hasta el mar?
¿Adónde han ido a parar las risas, la música, los versos,
las danzas y las flores de este palacio del drama?
Dolor. Sólo hay dolor y luto. Sólo heridas y espanto.
Así acaba esta obra. ¡Así acaba!
Hasta en las piedras de estos muros aúllan los desgarros.
Aquí estoy, varada en la orilla de la derrota.
Aquí estoy, elevando mis brazos
y suplicando que la paz vuelva a nosotros.
Los malos días crecen como crecen la muerte y el hambre.
Oh Ucrania, mira el decorado de esta guerra.
¡Despojos! Eso es ahora mi reino.
Un templo destruido en el que la sangre y el dolor
inundan hasta la última piedra del drama.
Hemos de abandonar este escenario.
Ahora seremos nómadas.
Iremos vagando, noche y día,
bajo el fuerte viento y la áspera lluvia,
bajo el sol en llamas o la turbia nieve
hasta que alguna tierra de extranjeros nos abrace
y nos tienda la compasión de una mano;
hasta que algún pueblo misericordioso
nos dé un trozo de pan, un poco de agua
y una manta caliente
que nos arranque este dolor, esta sed, esta hambre
y este frío de escarcha coagulada.
Oh troyanos, otra vez ha llegado la hora del luto y la tristeza;
otra vez arden los bosques
y las cenizas queman más que la sangre calcinada.
Otra vez nos enturbia los ojos el dolor de esta historia;

otra vez volvemos a la primera escena,
otra vez este teatro será crucificado por las llamas.
Así acaba esta obra. ¡Así acaba!
Pero no era esto...
No era esto lo que quería la desolada Ucrania.
¡No era esto lo que yo quería!
¿Cómo he podido hacerlo?
Decidme, ¿cómo hemos cometido este crimen?
Oh anciano Pável Vysotski, ¿en qué me he convertido?
Siento que se me revuelven una a una las entrañas
y que he pisado el fango, el rencor y un suelo de tinieblas.
He creado un nuevo drama:
He convertido a Antígona en un nuevo Creonte.
¿Me estáis oyendo?
Ninguna venganza es justa.
Ninguna guerra es justa.
Pero teníamos que defender nuestras murallas,
teníamos que morder al enemigo antes de que el telón
fuera un ramo de gritos y de dolor en llamas.
Teníamos que defender lo poco que nos quedaba.
Teníamos que defender lo que era nuestro.
Y nuestro era este teatro.
Y nuestros eran los niños.
Y nuestros eran el mar y el cielo de Mariúpol.
Y nuestros eran también el frío y la nieve.
Y el pan y el vino también eran nuestros.
Ninguna venganza es justa.
Ninguna guerra es justa.
¿Me estáis oyendo?
Pero teníamos que defender nuestras murallas,
teníamos que morder al enemigo antes de que el telón
fuera un ramo de gritos y de dolor en llamas.

FRAGMENTO FINAL: EL EXILIO, LA HUÍDA HACIA ALGUNA PARTE.

Las riberas del mar resuenan,
y como el ave que reclama por sus hijuelos,
así lloran unas a sus esposos,
otras a sus hijos,
otras a sus madres ancianas.
Ya no existe nada.
La lanza griega ha devastado
nuestra tierra.

Eurípides, *Las troyanas*

Sobre el escenario, un silencio de bosque sagrado. Aún sangra el costado de Ucrania. Hécuba llora por los muertos de Troya y el exilio espera con sus puntas de lanzas.

Inmóviles como figuras de un inquietante museo de cera, los personajes -casi a oscuras- esperan con sus maletas y hatillos el momento de partir hacia tierras extranjeras. Sobre las ruinas quemadas se proyecta una serie encadenada de noticias e impactantes fotografías del Teatro de Mariúpol tras el bombardeo ruso del 16 de marzo de 2022, al mismo tiempo que Roman Iakovienko se dirige a Lyuba Marusova y desgrana con su voz de corifeo los malheridos versículos del último de los lamentos de Yegor Chekhonastski.

ROMAN IAKOVIENKO

"Último fragmento de Caín en Járkov" [Reescrito para esta escena por Yegor Chekhonastski].

/.../
¿qué haremos ahora, dime, Lyuba Marusova?
¿hacia dónde caminarán nuestras huellas?
¿qué barco desplegará el lienzo de sus velas en el Mar de Azov
para que alguna orilla nos acoja?
¿adónde iremos tan pobres de equipajes
y tan hundidos en medio de esta guerra?
¿a través de qué oscura niebla emprenderemos
esta incierta travesía?
¿quién nos dará un sorbo de agua
y una miga de pan entre tanta sed y tanta hambre?
oh Mariúpol, contempla los despojos del Palacio del Drama
apiádate de Hécuba a punto de embarcar
en las orillas del Mar de Azov con rumbo a Dios sabe dónde
hemos de abandonar lo que aún es nuestro
hemos de zarpar hacia un probable naufragio o hundimiento
ninguna guerra es justa, pues toda guerra, Lyuba Marusova,
nos abre en canal y deja que gotee cualquier sangre
¿y qué queda después de la victoria?
quedan ruinas carne quieta ojos secos y miles de agujeros
para enterrar lo que siempre fue amado
oh Hécuba, levanta la cabeza y asume la parte de tu culpa
también tu pueblo es culpable de sus crímenes
pero mayor culpa tiene el enemigo
y por ello tendrá que pagar hoy o algún día de mañana
ya es hora de zarpar
es hora de abandonar este escenario
pero antes hemos de oír, Lyuba Marusova,
las voces de dolor que en ti habitan
y las perlas de hiel que en tu boca amargan.

LYUBA MARUSOVA

(Caminando ceremoniosamente hacia un onírico haz de luz que la engrandece entre aquellos escombros del Teatro del Drama. Es su última escena).

En el nombre de Lyuba Marusova,
en el nombre de Ucrania, de Hécuba y de Judith la judía,
¡ay de las naciones que se alzan contra mi raza!
Ay de aquellos que apuñalen a mis niños
y que de un tajo les corten la felicidad
y abran las bocas de su llanto .
Ay de aquellos que en nombre de un dios o de la paz
invaden otros pueblos y otras tierras.
Ay de aquellos depredadores que no respetan
la carne desvalida ni las leyes del cielo.

(Breve silencio. Casi rozando la gloria y la sobreactuación).
Oh Ucrania,
no acaricies el lomo de esta guerra.
Labra la paz con carnívora ternura.
No dejes que esos cuervos picoteen el trigo
de los campos de Ilión.
Oh madres de Troya, no lloréis ninguna.
Encerrad vuestro dolor
y la hiel que os sube a la garganta.
Levantad la cabeza.
Hemos resistido.
Hemos luchado y seguiremos luchando
por lo que aún es nuestro.
Aquí se queda lo que amamos
y también se quedan nuestros muertos.
Nosotras debemos partir con los niños y los ancianos.
Nunca más enviaremos a nuestros hijos a morir.

No los educaremos para que empuñen armas
o quieran ser los héroes de una guerra.
Ya es hora de zarpar, pero pronto volveremos
y estaremos alerta con flores en las manos.
Volveremos con un hambre atroz de paz y de esperanza.
Volveremos para cerrar las heridas grandes y pequeñas.
Volveremos para reconstruir los despojos
de lo que fue un templo sagrado.
Volveremos y colgaremos velas blancas en los balcones
y nos pondremos coronas de alegría.
No lloréis ninguna. Levantad la cabeza.
Hemos resistido.
Pero ya es hora de zarpar.
Es hora de iniciar el exilio.
Es hora de proteger a nuestros niños.
Es hora de alejarlos del enemigo.
Es hora de abandonar este escenario.
Es hora de despegarse del dolor.
Que baje lentamente el telón y se haga el oscuro.
No miréis atrás.
Alguien enterrará a nuestros muertos.
Alguien tendrá compasión de la vieja Hécuba
y de la herida Ucrania.
Algún país llorará con nosotros y nos dará un abrazo,
un pañuelo, un trozo de pan y un vaso de agua.
No lloréis ninguna.
(Dirigiéndose a Olena Komarowski).
¿Por qué lloras, Andrómaca?
¿Acaso lloras por mi hijo y por mi tierno nieto?
Ven. Ven y dame tu mano.
No lloréis ninguna. Levantad la cabeza.
Dejad que mis ojos derramen una a una
todas las lágrimas de Ucrania.

NO HAY OSCURO.

SÓLO AVANZAN EL SILENCIO Y LA NIEBLA.

Francisco Ramírez López, Lepe (Huelva), 1963.

Es Licenciado en Filología Hispánica y Experto Universitario en Técnicas y Medios Audiovisuales. Ha sido profesor de Historia Social del Teatro y de Dramaturgia en la ya desaparecida Escuela de Arte Dramático de Huelva. También ha impartido clases de El Guión de cine y Realización de Audiovisuales en la Universidad de Huelva durante tres años. En la actualidad, es profesor de Enseñanza Secundaria en el IES "La Arboleda" de Lepe (Huelva). Desde 1980 dirige el grupo Algazara Teatro de Lepe con el que representó en 1993 a España en el Festival Internacional de Teatro de la Expresión Ibérica (FITEI) en Oporto. Como guionista, en el año 2000, recibió el Premio al Mejor Guión en el I Festival Internacional de Cine Inédito de Islantilla por *Desaparecidos*. Como director, autor y escenógrafo ha cosechado numerosos premios en distintas Muestras y Festivales nacionales. Entre otras muchas obras, es autor de *El peluquero de Czestochowa* (Premio de Teatro "Antonio Buero Vallejo" 2017), *Broken* (Mención especial del I Premio Internacional Dramaturgia Invasora), *Perros de hiel en las tripas* (IX Premio Internacional "Madrid Sur" para Textos Teatrales 2009), *El árbol de las lágrimas* (Premio al Mejor Texto Teatral del Certamen "Fernán Caballero" 2016), *Negra noche de perros* (II Certamen Nacional de Textos Teatrales "Monteluna" 2007). En 2021 fue el ganador del 41 Premio Internacional de Literatura "Antonio Machado" de Colliure (Francia) con la obra *El maestro rojo*.